U0835562

上海市高校 085 内涵发展专业建设资助项目

太极推手教程

谢业雷　编著

北京体育大学出版社

策划编辑 李志诚
责任编辑 李志诚
责任校对 原子茜
版式设计 博文宏图

图书在版编目（CIP）数据

太极推手教程/谢业雷编著. --北京：北京体育大学出版社，2015.11（2020.7重印）
ISBN 978-7-5644-2105-2

Ⅰ.①太… Ⅱ.①谢… Ⅲ.①太极拳-推手（武术）-教材 Ⅳ.①G852.11

中国版本图书馆CIP数据核字（2015）第279941号

太极推手教程 谢业雷 编著

出版发行：北京体育大学出版社
地　　址：北京市海淀区农大南路1号院2号楼4层办公B-421
邮　　编：100084
网　　址：http：//cbs.bsu.edu.cn
发 行 部：010-62989320
邮 购 部：北京体育大学出版社读者服务部010-62989432
印　　刷：北京昌联印刷有限公司
开　　本：710mm×1000mm　1/16
成品尺寸：228mm×170mm
印　　张：9
字　　数：150千字
版　　次：2020年4月第1版
印　　次：2020年7月第2次印刷
定　　价：45.00元

目录

第一章　太极推手概述

一、太极推手概念

武术是以技击动作为主要内容，以功法、套路、格斗形式为主要运动形式，注重内外兼修的中国传统体育项目。太极推手是它的组成部分之一。

什么是推手?《武术》（上册）专修教材解释为“推手是两人遵照一定的规则，使用掤、捋、挤、按、採、挒、肘、靠等手法，双方粘连黏随，通过肌肉的感觉来判断对方的用劲，然后借劲发劲将对方推出，以此决定胜负的项目”。

什么是太极推手?《中国武术大词典》解释如下：太极推手是太极拳系的双人徒手对抗运动，古称“擖手”“打手”，是一项两人相互搭手，听劲而动，黏走相随；既要化解对方的推逼，保持自身稳定，又要乘势破坏对方平衡，使其倾跌的运动。这是太极推手的一般定义。所谓“听劲而动，黏走相随”，就是依靠皮肤和体内的感觉能力，在肢体接触中灵活运转，相互制约，这是太极推手的核心。

传统太极推手是在太极拳套路习练的基础上，两人搭手，相互缠绕，遵循太极拳“沾、粘、连、随”的要求，运用“掤、捋、挤、按、採、挒、肘、靠”八法，按照“不丢不顶，无过不及，随屈就伸，运转自如”的原则，凭借自身皮肤末梢神经的感觉和身体本体的知觉，来判断对方的用劲大小、方向、力点等变化，以便选用合理的技击方法，将对方发放出去或使其失去平衡。

传统太极推手，是两人配合练习，双方注重体会彼此懂劲变化，不顶不抗，以切磋交流技艺为主要目的，而不以胜负为主要目标。它不受场地和器材限制，比较安全，深受太极拳爱好者青睐。

竞技太极推手，是在传统太极推手基础上发展起来的。它必须按照一定竞赛规则的要求，根据太极拳“沾、粘、连、随”的原则，两人搭手运用“掤、捋、挤、按、採、挒、肘、靠”等方法，凭借自身皮肤感觉和身体知觉，配合相应的步法，破坏对方的重心，使其失去平衡、出界或下台、倒地，以得分多少判定胜负。

太极推手比赛，是一项较技、较力、斗智、斗勇的一项对抗性项目。比赛的胜负是运动员运用技术技巧、身体素质和比赛经验等综合能力的反映。

太极推手相对其他对抗项目，如：摔跤、散打，反关节、拳打脚踢的动作，比较安全，易于在社会上普及推广，适合男女老少人群。

太极推手：“掤”，向前向上向外撑捧，阻挡对方的进攻用以保护自己；“捋”，顺势向侧方或向后牵引；“挤”，向前挤压，逼迫；“按”，向前或向下推按；“採”，向下牵引，快速改变力点牵带引空对方；“挒”，前后对错，左右对拧，有拧转撕裂之意；“肘”，用前臂旋转或肘关节制约、攻击对方；“靠”，以肩、背挤压。两人练习四正推手时，手臂相搭，按着一定的程序互相推挽，周而复始，俗称“打轮”。在“打轮”过程中，双方力争牵制对方，使其失去平衡，进而趁势将对方发放出去。技术高超者能使对方双脚腾空，掷跌于地，自己却安稳自若。太极推手双方必须保持手臂粘连不脱，在互相黏随的运转中动摇对方的重心。太极推手禁用腿法，也不准使用摔跤、擒拿、击打等方法。这与以踢、打、摔、拿为主的散手项目迥然不同。它是一种彼此制约、掌握平衡、刚柔相兼、别具一格的对抗运动。有些地区流行的推手，允许用手或腿或手足兼用缠绕对方关节，但多数地区禁而不用。推手的形式很多，可以分为单推手、双推手、定步推手、活步推手、大捋推手、散推手等。其中，最基本的是定步推手，也称四正推手，练习时双方对面站立，一脚在前，脚步不动，用掤、捋、挤、按 4 种方法推揉打轮。活步推手是在四正推手的基础上，两人脚步移动，一进一退，直线往返；也有的两人侧身走成圆形。大捋推手是用採、挒、肘、靠 4 种方法按顺序打轮，因其劲力多为斜向，故又称四隅推手。其脚步移动成弧线，进者三步，退者二步，边走边转，脚步轻快。散推手是两手推挽不拘形式，不按固定程序打轮的推手方法，形式更为自由。推手的运动特点是不丢（脱离）不顶（顶撞），以静待动，以柔克刚，与打太极拳的要领是一致的。推手中的“静”不是静止，而是精神集中，仔细观察、感觉，尤其是通过身体触觉，准确判断对方力量的大小、方向、部位，以便及时做出反应，这叫做“听劲”。太极推手要求知己知人，后发先至，一切从客观实际出发，急则急应，缓则缓随，审时度势，因势利导，其基础全在于“听劲”技巧。太极推手中的“柔”也不是消极躲避、软而无力，而是要求以巧制胜，避实就虚，用小力胜大力。如对手来势凶猛，就要走化旋转，避开锋锐，将对方引进，并使其力量分散、落空，陷于被动，再集中优势出击对方，其劲力迅猛如放箭。太极推手中掌握这种“先化后发”“以柔克刚”的技巧，称为“懂劲”。

经常练习太极推手，可以锻炼人体反应能力，提高身体灵敏、速度、力量、柔韧、平衡等素质。太极推手与太极拳配合练习，更可以收到相辅相成、均衡发展的功效。中华人民共和国成立后，太极推手与太极拳一样得到广泛流传。由于它简便易行，饶有趣味，对抗而无伤害，所以在开展太极拳的地方，大都有人练习太极推手。太极推手是太极拳对练形式，是两人锻炼，运用太极拳的劲力、技法，遵循太极拳的原则如“以静制动”“以柔克刚”进行的运动。在其运动过程中综合运用太极拳的各种身法、步法和招式技法，是太极拳体系中训练技击能力和劲力感悟性的重要手段。传统太极推手经常在师生之间和学员之间进行。现代武术比赛中设立了太极推手项目，分级别进行，并对场地、服装、参赛年龄、局数等做出了相应的规定。

二、太极推手起源与发展

太极推手也称打手、揉手、擖手，是太极拳的双人徒手对抗练习，与太极拳套路是体与用的关系，互相补充，相得益彰，至今已有近400年的历史。后来其他一些武术派别也吸收了这一练习方式，产生了各种流派的推手。清代流传的拳谱中有一首《打手歌》写道：“掤捋挤按须认真，上下相随人难进。任他巨力来打我，牵动四两拨千斤。引进落空合即出，粘连黏随不丢顶。”

太极推手运动发展到现在，实际上已经划分为“传统太极拳推手”“太极推手”“武术推手”三类。

明末清初，河南焦作温县陈家沟陈氏第九世孙陈王廷（1600—1680），在家传拳术的基础上，依据《易经》阴阳学说、中医经络学说和导引吐纳术的原理，创造了一套具有阴阳转换、刚柔相济、快慢相间、松活弹抖的特点，符合人体结构和生理规律以及自然规律的拳术运动，即太极拳。

陈王廷在创拳的同时，以太极拳引进落空、借力打力和恃巧不恃力，以柔克刚等原则，将拿、跌、掷、打融为一体，创造了太极推手这种形式的运动，主要以锻炼手段和切磋技艺为运动形式，具有安全性、对抗性。

通过查询1994—2002年的文献资料可知，太极推手被列为全国太极拳锦标赛项目，得到了国家体育部门的认可和大力支持，国家也培养了一批优秀的太极推手运动员。至2003年，全国太极拳锦标赛被取消，又回到民间，经历了高潮到低谷时期，我们需要从中找出影响其发展的重要因素。虞定海在“竞技武术推手发展现状及对策”研究中表明：竞技武术推手的发展总体上是成功的，但存在技术单一、搂抱对顶现象严重等问题，提出更新观念，加强科学研究，修订规则，逐步完善技术体系，提高训练水平；刘国胜等在“对《武术太极推手竞赛规则》的几点看法”中认为：现规则不应局限于必须采用“八法”技术进行比赛，应该突破传统的“八法”模式和“文明竞技”的界限，并主张使用一些抓、拿、搂、扣、别等技术，放开攻击部位，如：可攻击下肢；刘新光等对“竞技太极推手运动”研究认为：竞技太极推手运动的特点保持了传统性，突出了竞技性，注重了科学性；武东“对1994年全国太极拳推手赛现状的调查与分析”研究认为：其技术体系不够完善，建议把太极推手比赛从全国太极拳锦标比赛中脱离出来，像散打一样成为单列项目；王风阳等《武术推手采用技法与竞赛法则》研究认为：允许使用各拳种流派或实战中可能出现的技术招法，以及在推手中训练和竞赛中可以使用踢、打、摔、拿技法。随着太极推手的发展，到2005年，出现了对太极推手技术、训练、选材等进行总结的专著，如：张山主编《中国太极推手》，组织专家进行著书立说，集集体智慧进行归纳，总结整个太极推手运动的发展、技术、训练等成果。还有一些太极推手练习者、传人进行个人练习心得的研究成果，如王西安著《陈式太极拳推手》、赵增福著《中国赵堡太极推手》、于志均著《太极推手修炼》等。

传统太极推手是指各个太极拳流派所流传的太极推手技艺，是太极拳技法的双人练习方式，根据其目的，各自练法也不尽相同。以“摸劲”为主而互不攻击，双方注重体会“懂劲”的变化，以健身娱乐和切磋技艺为目的，而不以胜负为主要目标，可称为“健身推手”；为了防身自卫，对付歹徒，以制服对方为目的，结合踢、打、摔、拿等武术技法综合运用，称为散手。传统太极拳推手的技法，主要体现太极拳的技击特点，即是运用“掤、捋、挤、按、採、挒、肘、靠”八法，通过“粘连黏随、听化拿发”，达到“引进落空、以柔克刚、得机得势、四两拨千斤”以至神明的武术境界。传统太极拳推手没有统一的规则，在门派中只有口头约定，俗称君子之约，点到为止。为了对付歹徒的突然袭击，由一方直接进攻，另一方“接手”“接、拿、发”近似现代散打条件实战和模拟实战，传统武术称为“喂招”和“拆招”，这也是掌握太极拳技法的一个重要环节。

太极推手是按照一定竞赛规则，遵循“粘连黏随、不丢不顶”的原则，运用太极拳“掤、捋、挤、按、採、挒、肘、靠”技法，将对方摔倒或推出圈外，以积分多少来裁判胜负的对抗性项目，以赢得比赛胜负争取优异比赛成绩为目的。1970 年以来，原国家体委为了继承发展中华武术的技击属性，决定开展武术对抗性项目，太极推手列入发展计划之中。1979 年国家体委武术处组织太极拳专家，研制了第一部《太极推手竞赛暂行规则》。1979—1988 年每年举行一次全国性的对抗项目比赛。1989 年后太极推手与武术散手比赛分开，并入全国太极拳剑推手比赛。1992—1993 年在山东济南和浙江杭州分别举行了两届全国太极推手观摩交流大会，专门邀请了专家、教练员和运动员，共商开展太极推手大计。1994 年国家体委颁布了《武术太极推手竞赛规则》，并决定将太极推手运动列为全国武术锦标赛，成为正式竞赛项目，并在同年全国比赛中设立了女子推手。从 1994 到 2002 年太极推手运动得到了空前的发展。2003 年后，作为全国武术锦标的太极推手被暂停开展。太极推手目前有些省市还保留在太极拳锦标赛中，如：河南、山东、浙江、河北、湖南等，2004 年、2005 年分别在安徽马鞍山和河南焦作举行的国际太极拳邀请赛中也有太极推手比赛，按年龄和体重进行分组，参加人数均达到 200 人以上。2013 年在国家体育总局武术运动管理中心主办下，在河南焦作举行的全国太极拳比赛中，推手作为参赛项目又重新回到了竞技舞台。国际上有不同层次的太极推手比赛，如：新加坡、美国、加拿大、马来西亚、中国台湾、中国香港等国家和地区，也说明经过30多年和几代武术前辈的努力，太极推手取得了广大武术爱好者的肯定和认同。

2013年12月，国家体育总局武术运动管理中心组织太极拳推手专家进行研讨，以继承传统太极推手技艺，突出太极拳各流派的特色，健身竞技相结合。

2014年5月，在北京体育大学进行试验性研究，确定了比赛程式，规定了比赛场地、裁判判罚与得分，避免太极推手中的顶牛现象，以突出此项目的高雅性、文明性、传统性。

2014年8月8日，在天津首届武术运动大会上举行了交流比赛，上海体育学院、北京体育大学、河北邯郸学院、河南4家试点单位，进行了男子65公斤级、70公斤级、75公斤级及女子52公斤级、56公斤级5个级别的比赛交流，得到专家以及太极拳爱好者的认可。

三、太极推手分类与内容

本书通过大量文献查阅和对专家学者、教练员、拳派传人的访谈咨询，分析研究了具有推手技法、社会上推广较好，并具有一定影响的9个拳种。据统计得知，具有推手这种技术或训练方法，并非是太极拳种的专利，其他拳种也具有，只是称谓不一。太极拳、大成拳、螳螂拳都称为推手，而其他6个拳种：咏春拳称为“黐手”，八卦掌称为“操手”，劈挂拳称为“经腕功”，八极拳称为“揉手”，武当拳称为“捋手”。表明它们都有各自的称谓，但训练目的都是一致的，即通过各种方法的练习，来感知对方劲力的大小、方向、作用点，提高自身听、化、截、发的功夫，培养对抗攻防的意识。这些技法被用来检验拳架姿势的正确与否，帮助练习者理解拳架招式的攻防用法，是传统武术中的一种练功手段和方法。同时提高自身功力，通过各种条件实战来积累实战经验，而不是我们现在意义上的对抗性比赛项目。

太极推手从运动形式上可分为定步推手和活步推手两种。目前，创编的太极拳推手对练套路，将这两种形式有机融合，以柔克刚，刚柔相济。其运动形式表现为静中有动，动中有静，而其基本功是训练掤、捋、挤、按的四正推手和训练採、挒、肘、靠的四隅推手。太极推手对练套路是吸取了各流派太极拳推手的精华而创编的，它具有传统性、科学性、健身性、技击性、观赏性、娱乐性，因而易于普及，可作为武术段位考试的项目。

太极推手各派形式诸多，如：推平圆、推立圆、推“8”折叠、单推手、双推手、定步推手、活步推手、四正推手、四隅推手、一进一退推手、三进两退推手、两进三退推手、大推手、烂踩花推手、散推手等。如此之多的推手，为各派拳师在教拳过程中创造和使用，其目的有二；一是便于学者进门入道，二是显示传统内容之多。有一利必有一弊。为推手而推手，在推手中练推手，导致现代太极推手竞技运动中，大部分运动员不练拳架专练推手，舍本求末；一般人在推手中练平圆、练立圆、练腰胯劲等，而与太极拳架脱节，因而难以产生太极高手。真正的太极推手功夫是在拳架中练出来的，太极推手只是对意与形的检验，检验是否能够将拳架中练出来的技击能力充分发挥出来而已。

（一）各式太极拳推手技术分类与内容

“系统是由若干相互联系、相互作用的要素所构成的具有特定功能的有机整体。”可以运用系统方法论的理论从要素、结构、功能、环境方面，对陈、杨、吴、武、孙、赵堡主要流派的太极拳推手技术分类与内容归纳总结，使其自成一个传统太极拳推手技术体系。

1. 陈式太极拳推手技术分类与内容

陈式太极拳推手以拿法、跌法、掷打（发劲）等技术兼施并用，乘势活变。拿法以拿脉、抓筋、反骨为主，但容易受伤，为了避免受伤，只是拿住对方劲路为主，拿成我顺人背的得机得势即止，以交流技艺为目的就是拿而不发。因此，现在陈式推手还保留着一些拿法和腿法。由人民体育出版社出版、沈家桢和顾留馨执笔的《太极拳全书》中“陈式太极拳和推手的内容部分”，对陈式太极拳推手技术进行了分类归纳。其主要按人体解剖结构划分为步法、腿法、身法、手法。步法按其功能划分为定步、活步，活步又包括进步、退步、散步；腿法包括衬、套、管、撑、勾、扫、膝打（撞）、跪等；身法包括拔、含、转、靠；手法主要有四正手（掤、捋、挤、按）、四隅手（採、挒、肘、靠）和其他手法（拿、滚、挂、缠等）。

2. 杨式太极拳推手技术分类与内容

杨式太极拳从学于陈式太极拳，经由杨家祖孙三代不断改进发展至今，主要以健身为主，其推手技术更简单化、程式化。以掤、捋、挤、按为主，採、挒、肘、靠为辅的八法技术，其练习形式近似程式化推手套路练习，着重是对劲力大小、方向、力点的感知，正如传统武术练习者追求的太极劲。杨式太极推手有3种传统推法：定步推手、活步推手、大捋。定步推手又称四正推手，是两人彼此用掤、捋、挤、按4种手法，在原地进行的推手练习。活步推手，是两人用掤、捋、挤、按4种手法，配合前进后退的步法进行循环练习。步法分为合步与套（顺）步两种；大捋因有步法的配合，其幅度就较定步推手为大，所以称为大捋。又由于大捋步法的方向是朝四个斜角的，因此又称为四隅推手。大捋的手法以採、挒、肘、靠为主，掤、捋、挤、按为辅。在练习中採（同时捋）和靠的动作表现较为突出，而挒、肘表现并不明显，只是在变化中运用出来。

3. 吴式太极拳推手技术分类与内容

传统吴式太极拳推手是练习技击功夫的主要方法。其技术丰富，手法细腻，擅柔化，在两人对练练习时都是尚巧不尚力，有时把它作为一种健身游戏来练习，并不是作为一种比赛项目来训练。由于练习目的不同，对技术的要求和练习负荷强度也不一样。传统的掤、捋、挤、按、採、挒、肘、靠八法技术，又称八种招势和八种劲别，易使练习者“招”与“劲”混淆，一般认为功法以调身、调息、调心为主，套路（盘架子）练招，推手练劲，擒拿练巧与劲的结合，散手是各种技术、战术、心理、体能、经验等综合运用能力的体现。

4. 武式太极拳推手技术分类与内容

武式太极拳推手是武禹襄和李亦畬二人创编，只流传下活步推手一种，“武式推手的步法，仅为进三步半、退三步半一种”。第一步、第二步前进时，进步的一脚都是踏在对方前脚的外侧，第三步前进时，一脚踏在对方裆部之间，第四步则后脚移至前脚边，脚尖虚点地，称半步。在一条直线上“我进彼退，彼进我退”，上面运用“掤、捋、挤、按”4 种手法，採、挒、肘、靠等方法只是在变化中运用。

5. 孙式太极拳推手技术分类与内容

孙式太极拳是孙禄堂先生集形意拳、太极拳、八卦掌技术于一体而创造的，套路的各式是“体”，推手是以练“用”为主。主要是通过掤、捋、挤、按、採、挒、肘、靠八法，八法中以掤、捋、挤、按四手为基本练法，反复操练，细心体会，练到手足灵活而有分寸，能够准确判断对方劲的大小、力点、方向，才能达到“引进落空”“牵动四两拨千斤”的效果。採、挒、肘、靠以及其他方法皆由其中变化而出。掤、捋、挤、按又称为四正，採、挒、肘、靠称为四隅，通过这些方法的练习，体会对方的劲感，又称为“听劲”，是太极拳“由招熟而渐悟懂劲”的阶段过程。

孙式推手步法分为定步、活步、合步、顺步。其中活步按步数分为进三步和退三步。步法要与手法协调一致；向前进步为按、挤，退步是掤、捋。按定步分为合步和顺步，上肢手法均为掤、捋、挤、按。这些初学入门的练法，先有一定的程式化，熟练后，自能随机变化，不受约束。

6. 和式太极拳推手技术分类与内容

和式太极拳推手其技术内容丰富，传统太极推手不但具有体现太极拳技击特点的以柔克刚、引进落空等技术风格，而且还包含了踢打、擒拿、摔跤等技法。分类是按练习形式、步法、运动轨迹、八法五步和身体部位的上、中、下三盘，其主要技术是上盘（掤、捋、挤、按、採、挒、肘、靠），中盘（起、落、进、退、腾、闪、圆、转），下盘（缠、勾、扫、踢、插、蹬、膝）共 24 种技法，这些技法与陈式太极拳推手差异不大。

综合以上对各式太极拳推手技术与内容的分析归纳，它们主要以传统的“掤、捋、挤、按、採、挒、肘、靠”八法技术内容为主。太极拳推手按练习方法可分为单推手和双推手；按步法可分为定步和活步，定步分为单手定步和双手定步，活步又分进步、退步、散步；按运动轨迹可分为平圆、立圆、斜圆；只有陈式和和式太极推手还保留八法以外的摔法、拿法等技法，陈式推手以人体解剖位置来划分，包括手法、腿法、身法，而和式太极拳推手按人体结构分为上盘、中盘、下盘。赵堡推手和陈式分类方法也近相同，它们同属于河南温县地界，与陈式太极拳推手本属一脉，属陈式小架，师承于陈清平。

（二）竞技推手技术的分类

竞技推手是根据比赛需要，为了提高人体运动潜力，在竞技场上斗技、斗智、斗勇的一种比赛项目。它相对传统推手更注重突出竞技对抗性。

可以根据动作的结构，也可以根据动作的功能，或者根据人体的解剖学进行太极推手技术的分类。本研究主要从动作的结构、功能、人体解剖学对其进行分类和归纳。

1. 按技术动作的结构分类与内容

太极推手在基本技术的基础上，衍生出其他各种技术，这些技术的总和构成太极推手的技术体系，按动作结构又可以分为主要基本技术、组合技术、综合技术。基本技术分为实战姿势、基本手法、基本步法、基本腿法、基本身法、基本跌法；组合技术分为手法组合、手步组合、手身组合、步法组合、步腿组合；综合技术是在手法、步法、腿法和身法等技术基础上的综合运用。

其具体技术内容：实战姿势有左架、右架和平行架；基本手法有掤、捋、挤、按、採、挒、肘、推、搂、抹、提、插、刁、拿、别、拧、滚、压等；基本步法有进、退、上、撤、疾、滑、跨、绕、逃等；基本腿法有套、管、衬、撑、缠、勾、带、踩等；基本身法有含、拔、靠、转、折、顶、旋、闪、沉、坐等；基本跌法有前滚翻、后滚翻、侧滚翻、伏虎、前倒、后倒、侧倒、鱼跃抢背、前栽、后栽等；手法组合有捋挤式、採捋式、推按式、搂抹式、插掤式、採按式、手肘式、手别子等技术；手法与步法组合，简称“手步组合”，有进步採按、进步採靠、进步搂推、上步採按、上步搂推、绕步大捋、滑步按掌、退步採捋、进步插採等技术；手法与身法组合，简称“手身组合”，有侧採肩靠、胸拿、上掤填肚、挎臂转腰、前缠坐胯、转身手别等技术；步法组合有上步与上步、上步与进步、滑步与上步、进步与撤步、疾步与上步等组合；步法与腿法，简称“步腿组合”，有上步套腿、进步套腿、滑步封腿、退步撑腿、疾步扫腿、勾腿进步等；腿腿组合有套管腿、勾带腿、撑崩腿、扫勾腿等组合技术；综合技术有野马分鬃、进步采靠、退步推按、采捋手别、采捋锁压、插掤采按、挎臂撑腿、上步掤按、高探马、进步搂抹、转身大背、合膝横捌、掤压回甩、绕步打捋、进步迎门靠等。

2. 按技术动作的功能分类与内容

武术太极推手的技术就本质来讲，其目的和作用都是攻击对手而不被对方攻击，或者为了化解对方的进攻并对其进行反击。运动员为了充分发挥自己的运动水平，取得比赛的最终胜利，围绕这一主要目的对技术进行选择运用，不同的选手可根据自身的条件选择不同的技术，并对基本技术进行各自不同的变形、改造、创新，由此而产生了不同的技法特点。然而，无论技术动作的简单与复杂，其按功能可归纳为：进攻技术、防守技术、反击技术。进攻技术，按手法有采、挤、按、肘、推、搂、挑、抹等手法技术；按腿法有膝打、低扫、勾、带、崩、跪、别管、套等腿法技术，按身法有靠。防守技术，按手法有掤、缠、压、提、插、撑、滚、架、挂、肘等手法技术；按腿法有顶、缠、撑等腿法技术；按身法有胸含、折背、沉胯、转腰、旋腰、挤靠等身法技术；按步法有滑、退、撤、绕等步法。反击技术，按手法有架搂、手别、捋推、采按、肘打等；按腿法有缠、勾、挑、膝打、撑等。

3. 按技术动作的运动解剖位置分类与内容

太极推手技术的动作运用一定要符合人体解剖结构，了解人体部位在攻防格斗中的作用，便于运动员更好地使用和保护自己身体，让每一部位在攻防实战中有效地展现。太极推手技术按人体解剖位置分类为：头部技术、上肢技术、下肢技术、躯干技术。头部技术有摆、扣、顶、甩等技术。上肢技术，手法即掌指的用法，有按、採、拍、刁、拿、扣、挑、插、缠等技术；按肘法有顶、压、滚、挑、架、打等技术；按肩法有肩靠；按臂法有掤、捋、挤、推、拨、挎、抹、搂、夹、别、缠、挂等技术。下肢技术，按脚法有勾、带、踩、绊等技术；按膝法有打、撞、跪、切、缠等技术；按胯法有沉、挑、顶、旋等技术；按腿法有套、管、衬、撑、扫、缠、插、别等技术。躯干技术，按胸法有靠、含、拿等技术；按背法有靠法、拔法；按腰法分为拧、旋、转、折等技术；按臀法有靠、坐、撅、弹、抖等技术，见图1－1。

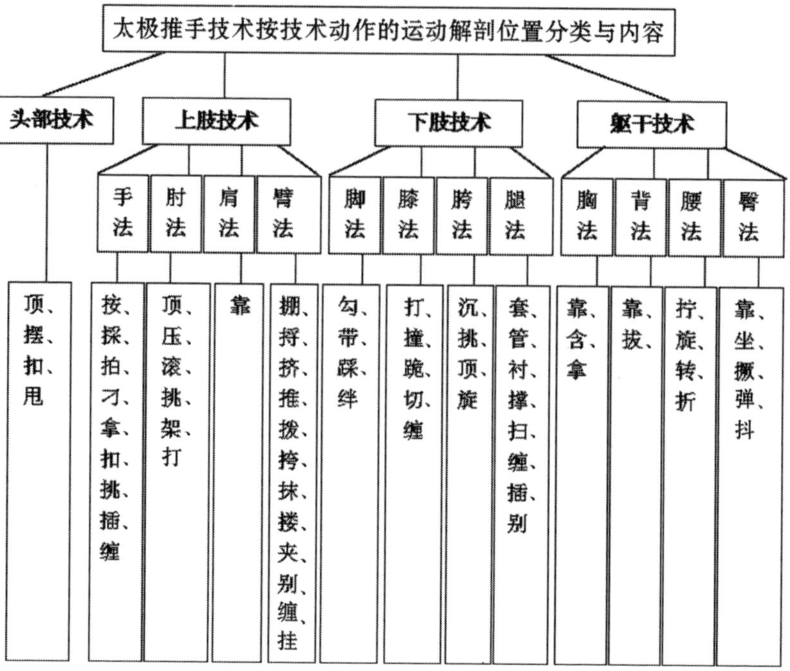

图 1－1　太极推手技术按技术动作的运动解剖位置示意图

四、太极推手的作用

（一）提高体能，健身防身

太极推手在训练中，一般采用均匀、缓和、有节奏的腹式呼吸，这有利于改善肺泡通气量，使呼吸深度加大。太极推手讲究蓄劲如开弓，发劲似放箭。采用吸足呼尽的呼吸方法，既节省能量消耗，又提高肺泡气体交换率，为细胞摄氧和用氧提供了方便。因此，练习太极推手能改善呼吸系统的功能。通过太极推手的练习，可提高人体感知能力。另外，太极推手是中枢神经运动、呼吸运动和骨骼肌肉运动相结合的综合性运动。通过太极推手的练习，两人相互推磨，实质上就是一种对人体的按摩，对改善血液循环、加强人体体质、提高韧带的柔韧性和关节的灵活性及祛病等都有很好的效果。

（二）以武会友，交流技艺

太极推手，是两人的一种练习形式，双方推手技术的问劲、化劲、封劲、发劲，可以起到很好的交流技艺、宣泄情绪的作用，有利于习练者身心健康。太极推手形式多样，可以平时在公园与拳友进行推手练习，男女老少皆宜，体会太极中听劲、化劲和粘连黏随、意气相随的感觉。年轻者、功力高者也可以举行各类太极推手比赛，通过参赛来提高太极拳技艺以及自身运动水平，开阔视野，增强技术交流，可以提升人们对该项目的兴趣，配合太极拳练习，体现传统武术“体用”结合的思想理念。

（三）磨炼意志，培养品德

太极推手练习对习练者或运动员的意志品质是多方面的考验。训练时要从不适应到逐步适应，逐步克服身体与心理的困难和障碍。与人交手时，要克服心理胆怯关，也就是常说的要有“胆”，逐步增加胆量和信心。比赛中遇到高手、强手，要敢于拼搏，提高以弱胜强的技能和智能。对待彼此的胜负和输赢也应有正确良好的心理素质。经过这些磨炼可以使人具有顽强、果断、坚韧不拔的精神，锻炼敢于进取、积极上进的优良品质。

（四）娱乐观赏，丰富生活

太极推手对抗擂台形式，深受广大群众的欢迎、喜爱，自 1982 年我国开展太极推手比赛以来，全国性和各地方举办的推手比赛都深受群众欢迎。每当比赛场上出现奇招时，群众都报以热烈的掌声和喝彩，说明具有很高的观赏价值，习练者也深感其中奥妙，给人以启迪和乐趣。在上海人民公园专门有个推手角，来自各地的拳友可在此进行交流。

五、武德与礼仪

（一）武德的含义

“武德”是从事武术活动的人，在社会活动中所应遵循的道德规范和所应具有的道德品质。“武德”一词最早于3000年前就已出现了。“武德”，顾名思义就是武术道德，即习武者道德品质的修养。这是传统的习惯提法。实质上，“武德”从伦理学的角度来理解，它不仅是个人体现武术伦理规范的主体，侧重于个人意志的选择，而且包含了在整个武术社会活动以及参与其他社会活动时的秩序规范，并且个人的“武德”只有适应社会实践才能决定其品格的高低。同时，“武德”也只有在社会共识的秩序规范中，才有实践的价值和意义。对“武德”的正确理解，应当是武术伦理规范与习武者道德行为准则的总和。它始终贯穿于习武者练武、援武、用武、比武等一系列的武术社会活动中。

（二）武德的内容

在武术发展的过程中，“武德”的内涵常随着时代的变迁而有所变化和侧重。但是，它的发展主旨是明确的、积极的和健康的。

1. 忠

“忠”是“武德”之首要内容。

2. 仁

“仁”就是要用广博的爱去对待一切。

3. 信

“信”，诚也，就是诚实可靠，信守言行。

4. 义

“义”乃行善之本。

5. 孝

“孝”就是尊重老人、长辈，敬爱师长。

6. 礼

“礼”包括礼貌、礼节、仪式、仪表等。

7. 智

“智”者，有明慧之心，知人伦。

8. 勇

“勇”既是道德标准，又是行为实践，有“大勇”和“小勇”之分。

新时期武德：树立理想，为国增光；爱国爱民，见义勇为；尊师爱生、团结互助；修身养性、遵纪守法；文明礼貌、举止端庄。

（三）武德礼仪

注目礼：并步站立，目视受礼者或向前平视，面带微笑，勿低头弯腰。表示对受礼者的尊敬。若表示对行礼者答诺或聆听指导受益时，可微点头示意。

抱拳礼：抱拳礼又称“拱”，是古代的一种相见礼，两手在胸前相合表示敬意。《论语·微子》中有这样的记载：“子路拱而立”。

从卫生角度：握手最不卫生，抱拳既亲切又卫生；从文化角度：握手不是中国的东西，而抱拳是传统文化的一部分；从舒服的角度：抱拳避免了一些不必要的尴尬，比如男女之间、关系较疏离的人之间。

抱拳礼——即国学中的“揖礼”，源于周代以前，有3000年以上的文化历史。据《周礼》记载，根据双方的地位和关系，当时作揖就已有土揖、时揖、天揖、特揖、旅揖、旁三揖之分。抱拳礼是中华民族特有的传统礼仪，是以左手抱右手，自然抱合，松紧适度，拱手，自然于胸前微微晃动，不宜过烈、过高。抱拳不能乱抱，男子尚左，也就是男子用左手握右手，这称作“吉拜”，相反则是不尊重对方的“凶拜”。

行礼的方法是：并步站立，左手四指并拢伸直成掌，拇指屈拢；右手成拳，左掌心掩贴右拳面，左指尖与下颏平齐。右拳眼斜对胸窝，置于胸前屈臂成圆，肘尖略下垂，拳掌与胸相距20～30厘米。头正，身直，目视受礼者，面容举止自然大方。

抱拳礼的具体含义是：①左掌表示德、智、体、美“四育”齐备，象征高尚情操。屈指表示不自大，不骄傲，不以“老大”自居。右拳表示勇猛习武。左掌掩右拳相抱，表示“勇不滋乱”“武不犯禁”，以此来约束、节制勇武的意思。②左掌右拳拢屈，两臂屈圆，表示五湖四海（泛指五洲四洋），天下武林是一家，谦虚团结，以武会友。③左掌为文，右拳为武，文武兼学，虚心、渴望求知，恭候师友、前辈指教。

鞠躬礼：鞠躬，是弯身行礼。表示对他人敬重的一种郑重礼节。此种礼节一般是下级对上级或同级之间、学生向老师、晚辈向长辈表达由衷的敬意，在日常生活可以使用。

思考题：

1. 什么是太极推手？
2. 太极推手分类与内容有哪些？
3. 太极推手有何作用？
4. 什么是武德？其具体内容有哪些？

第二章　太极推手技术

一、太极推手基本跌法

（一）前滚翻

前滚翻由蹲撑开始，重心前移，两腿蹬直离地，同时屈膝，低头、含胸、提臀，以头的后部在两手支点前着垫，依次经颈、背、腰、臀向前滚动。当滚至背部着垫时迅速收腹屈膝，上体紧跟大腿团身抱膝成蹲立。

（二）侧滚翻

侧滚翻，顾名思义，是在前滚翻的基础上发展而来的。侧滚翻的顺序则为肩—背侧腰部—侧腿部。侧滚翻的翻滚轴不在身体中轴线上。它强调实用性，这是最重要的一点，一切练习也应从实际运用出发。因为侧滚翻不是用来观看的，它是人类进化过程中一种自我保护措施。侧滚翻的预备姿势，从蹲开始（适宜初学者），而熟练后几乎可以在任何情况下使用。侧滚翻被认为是躲闪和自我保护的最好方式之一，用于搏斗时和其他突发情况时的闪避和着地自我保护。

侧滚翻的主要作用在于闪避和缓冲。当你蹲在地上或站在地上时，敌方向你正面进攻，这时你没有足够的反应时间，侧滚翻是不错的选择。侧滚翻最大的用处是为了自我保护。比如你不小心绊倒一跤，身体就会腾空，重心前移，这时就不用考虑了，可以下意识双手撑地，准备侧滚翻。这样便不会有任何伤害。

（三）后滚翻

后滚翻是一种基本的体育动作，由蹲撑开始，双臂推撑要均匀用力，身体后倒，臀部、背部、颈部、头依次着地，滚动要圆滑。当双脚着地瞬间，迅速抬头，双手支撑推地，上体抬起成蹲撑。可以练习协调性，增强背部、颈部、腰腹部等的肌肉力量。

二、太极推手技法

太极推手单练

太极推手的动作是在中枢神经系统的统一指挥下，成为训练周身皮肤触觉和内体感觉的一种有效运动。

练拳与推手是相辅而行的，能使身体上下肢平衡发达，久练太极拳能使腿部肌肉发达，腹部充实，步履轻便。同时练习推手者，一般手臂肌肉发达，胸背的肌肉较为厚实。

太极推手需两人搭手，互相缠绕伸缩，做弧形运动。在练习前可以单人进行练习，掌握一些基本要领，在没有对手练习时，可自行练习，同样可达到熟练划圈，保持和提高太极推手的技艺水平。

主要 8 种太极劲分别如下。

1. 掤劲：掤在手臂，掤劲是通过长期的、认真的对太极拳和推手的练习，成为一种似松非松，柔中带刚，灵活而又沉稳，富有弹性和韧性的劲，具有粘化逼捆作用的劲，也称为内劲。掤劲在推手八法中最为重要，在太极拳中也是极为重要的，山东济南陈氏太极拳大师洪均生大师总结为“太极是掤劲，动作走螺旋”，概括地突出了太极拳和推手的特点。

太极推手中的掤法是一种向前向上的弧线动作。凡是用意念贯注肢体任何部位向前旋转地伸展或者向后旋转地引化的，都是掤法的作用。

2. 捋劲：顺对方来势，向侧、向后的牵引力。假如对方向我掤或挤时，我一手粘其手腕，另一手粘其肘部上部外侧，向两侧顺势弧线引带，使对手向两侧倾倒或牵引而出。

3. 挤劲：是一种向前推击，逼使对方不得运转的力。推手中以手臂横于胸前向对方贴近推挤，可分为顺步挤、拗步挤。

4. 按劲：是向前或向下推按的力。在太极推手中有按压对手来力，又有粘随推掷而去的进攻方法。单按：单手从胸前向前推按，力达掌根；双按：双手从胸前推按，力达掌根。

5. 採劲：是用手掌按着对方的手臂向下向外，瞬间旋拧发力。以手掌小指领劲，经无名指、中指、食指外旋，旋拧发劲。

6. 挒劲：是一种向外横推或横採的力，使对方身体扭转而失去重心。是一种左右拧转、前后对挫而产生的旋拧之劲。

7. 肘劲：以肘部采用滚、缠、压、顶、挑、拐等技法产生劲。

8. 靠劲：以肩、胸、背、臀部贴身靠击的方法产生的劲。

三、太极推手步法

（一）上　步

后腿向前上一步，为上步。

（二）进　步

前脚进步，后脚随之跟步，为进步。

（三）退　步

前脚后退一步为退步。

（四）撤　步

后脚先后撤一步，前脚再后撤一步，为撤步。

（五）疾　步

后脚快速跟进前脚，前脚再先前一步，为疾步。

（六）滑　步

以前脚掌为支点，快速滑动，为滑步。

四、双人粘手推手

（一）单掤手

1. 动作说明

（1）甲乙双方相对站立，两者相距以双方握拳前平举时拳面相接触为准，身体自然放松；目视对方。（图2－1）

（2）甲乙双方开同侧步，与肩同宽，成自然站立；目视对方。（图2－2、图2－3）

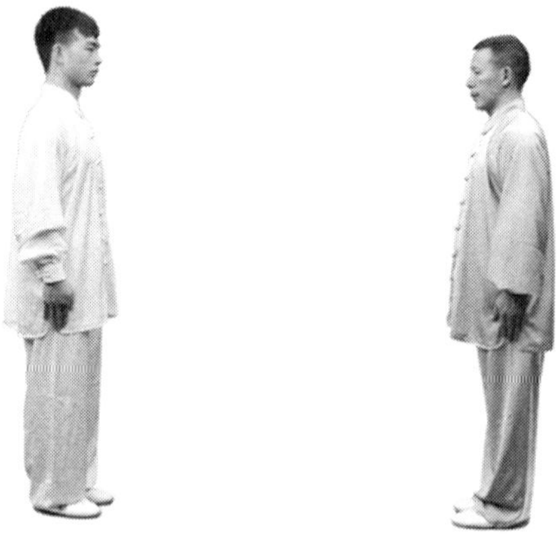

图2－1

图2－2

（3）两臂上抬，经腹前，与肩同高同宽；目视前方。（图 2 –4、图 2 –5）

（4）两臂缓缓下落，按至腹前，掌指朝前。（图 2 –6、图 2 –7）

（5）甲乙双方重心移至右脚，左脚外摆约 45°，右脚抬腿上步，成右虚步；两臂内旋外撑，左手上摆，右掌外旋翻掌内合，两掌掌心斜相对，摆至胸腹之间；目视对方。（图 2 –8 ~ 图 2 –10）

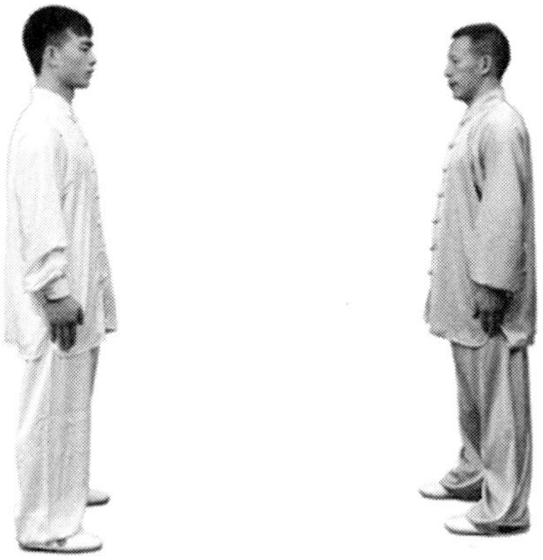

图 2 –3

图 2 –4

图 2 –5

图 2 –6

图2－7

图2－8

图2－9

图2－10

（6）动作不停，双方左手相触搭腕。右手按至右髋关节处，手臂保持弧形；目视对方。（图2－11）

（7）甲先由经虚步变马步成弓步；甲向乙掤挤，乙后坐重心，缓缓掤接甲的掤挤，保持掤劲不丢，与对方的粘连相随，两腕不脱手，听化对方的来劲大小、快慢的变化。目视对方。（图2－12）

（8）乙方由掤转化为向前掤挤，下肢右虚步变马步而弓步；目视对方。（图

2－13）

此动作可反复练习3～6次。

（9）右脚收回，成自然开立步；目视前方。（图2－14、图2－15）

（10）接上式，交换左手、左脚，重复右手、右脚的练习。

图2－11

图2－12

图2－13

图2－14

2. 动作要领

(1) 身体保持中正，两腕粘连不丢，速度均匀而缓慢，由轻而重，因人而异。

(2) 步形由虚步变马步而弓步的变化过程。

3. 功理作用

(1) 通过掤挤直线运动，可提高练习者的腕关节肌肉敏感度、上肢肩臂力量。

(2) 通过双方腕部与前臂外侧旋掤可提高腕部骨密度，预防摔跤后手臂附加支撑造成腕部骨折。

图 2－15

(3) 通过虚、马、弓步形变化，可提高下肢肌肉协调转换。

(二) 平圆单推手

1. 动作说明

(1) 甲乙相对站立，相距以双方两臂握拳前平举时拳面相触为准，身体自然放松；目视对方。(图 2－16)

(2) 甲乙身体微左转，双方将右腿上步，两脚内侧相对，脚尖向前，甲乙右脚相距约 20 厘米；同时双方右手向前掤出，手臂微屈，双方手背相贴，手腕交叉，左手自然下垂，按至左胯旁；重心均落于两脚之间，稍偏后腿，后腿屈膝半蹲，成虚步；目视对方。(图 2－17～图 2－26)

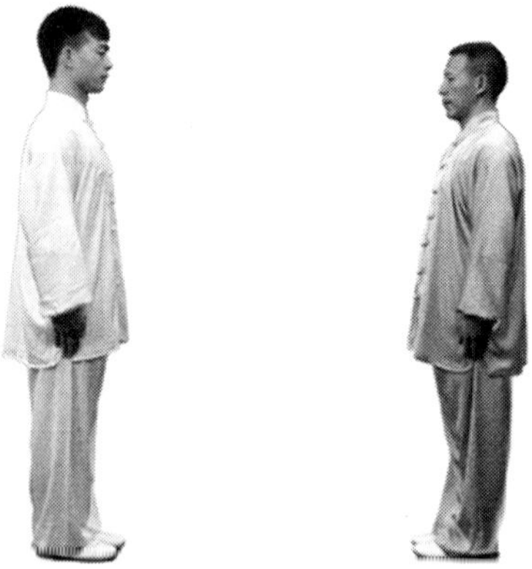

图 2－16

图 2 －17

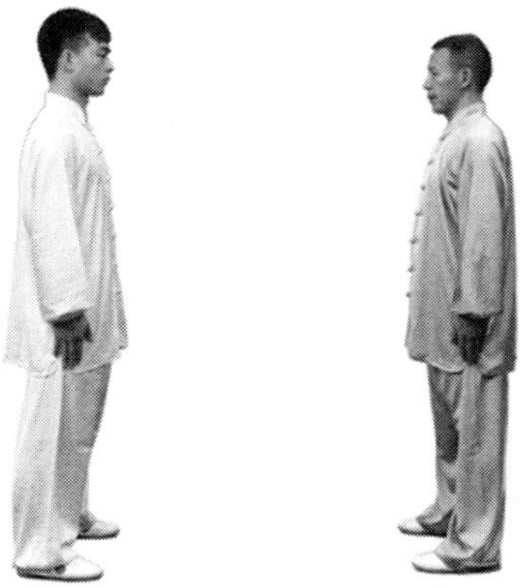

图 2 －18

图 2 －19

图 2 －20

图 2 –21

图 2 –22

图 2 –23

图 2 –24

图 2－25

图 2－26

（3）甲身体重心稍前移，右腿前弓，以右掌向前平推至乙右胸部；乙承接甲之按劲，重心稍后移；左腿稍屈，身体右转，以右掌向右引化甲右手，使其不能触及胸部而落空；目随收手转。（图 2－27、图 2－28）

图 2－27

图 2－28

（4）乙随即顺势向右转腰，化去对方的推按劲，再用右掌向前平推按，至甲右胸前；甲同样用右手承接乙之按劲，重心后移；左腿稍屈，身体右转，以右掌向右引化乙右手使其落空。目视对方。（图 2－29～图 2－31）

如此循环练习，其动作轨迹为“平圆”。平圆单推手可左脚交换在前，换左手练习，方法相同。(图 2－32～图 2－36)

图 2－29

图 2－30

图 2－31

图 2－32

图2－33

图2－34

图2－35

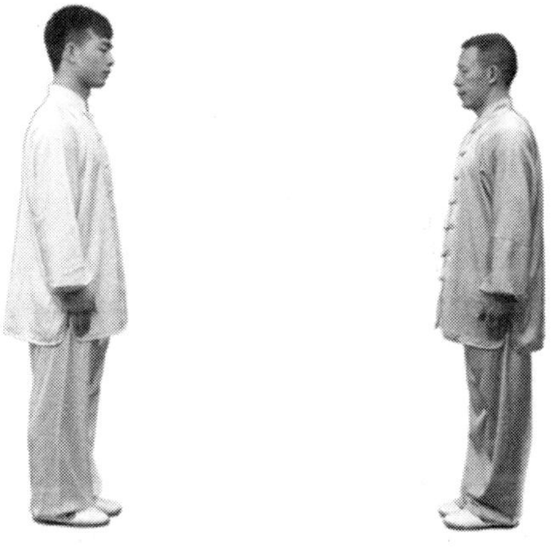

图2－36

2. 动作要领

（1）双方搭手时，手腕与肩平，各含有“掤劲”，不及不离，粘连勿丢。

（2）一方用按劲推按对方时，对方则用化劲化开，注意转腰、收腹、敛臀，以腰带手，协调一致。

（3）双方手臂要保持“掤劲”，进退相随，不可僵硬，动作粘连黏随，不丢不顶，双方左手按至左胯侧。

(4) 膝关节的运动轨迹为圆弧，重心虚实转化要清楚。

3. 功理作用

(1) 慢练技术，加强按劲，可作为上肢专项力量的方法，预防肩部关节疾病的不适。

(2) 加强膝关节的灵活性以及有效刺激膝关节内侧的肌肉、韧带。

五、立圆单推手

(一) 动作说明

1. 甲乙相对站立，相距以双方两臂握拳前平举时拳面相触为准，身体自然放松；目视对方。(图2-37)

2. 甲乙双方开同侧步，与肩同宽；目视对方。(图2-38、图2-39)

3. 两臂缓缓上抬，与肩同高同宽；缓缓下落，两掌按至腹前，目视对方。(图2-40～图2-42)

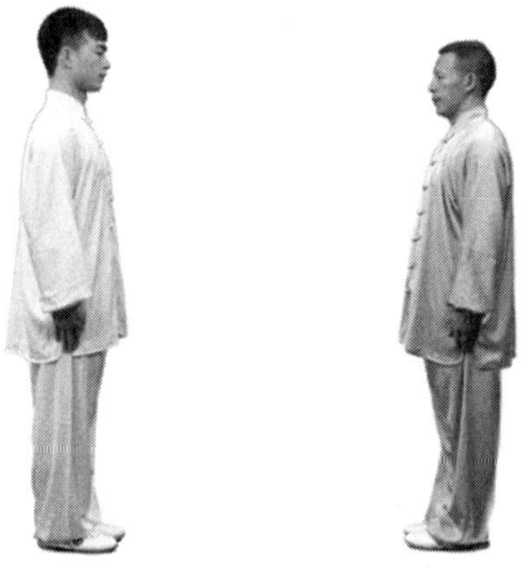

图2-37

图2-38

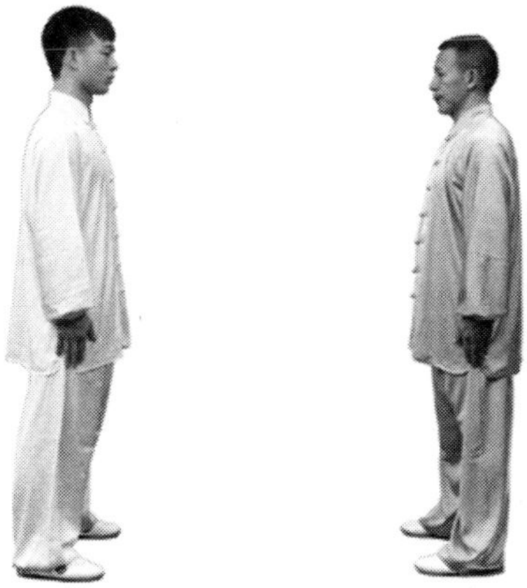

图2－39

图2－40

图2－41

图2－42

4. 身体重心左移，右腿收至左脚内侧；左转腰，两臂外撑；动作不停，左手向后向上摆至肩前，右手向前外旋摆至左腹前，两臂合抱于肩腹之间；目视对方。图2－43～图2－45）

5. 接上式，右脚抬腿上步，脚跟先着地，双方成右虚步；右手向前向上接触搭腕于面前，左手下按于左髋关节处，松沉撑圆；目视对方。（图2－46、图2－47）

6. 甲用右手指尖向乙面部插伸，重心向前移，右腿随之前弓；乙以右手用掤劲承接甲之来劲，顺势重心后移，左腿屈膝，向右转体，将甲右掌引向头部右前侧，使其落空；目随手走。（图 2－48）

图 2－43

图 2－44

图 2－45

图 2－46

图 2 –47

图 2 –48

7. 乙顺势将右掌压切至甲右手腕上，向下绕弧切按，随即重心前移，右腿前弓，用右手指尖向前插甲腹部；甲以右手用掤劲承接乙之来劲，右臂顺势回收，同时重心后移，成后虚步，向右转体，将乙右手引化至右胯侧，使其落空。（图 2 –49、图 2 –50）

图 2 –49

图 2 –50

8. 接上式，甲再将右手弧线上提至头部右侧；乙仍如前顺势将甲右手引化，向头部右侧，使其落空。（图 2－51、图 2－52）

图 2－51

图 2－52

此动作重复 3～6 次，换方向，由乙方先领，进行循环练习，双方动作轨迹成“立圆”。立圆单推手亦可左足在前，搭左手进行反复练习。

（二）动作要领

1. 要注意松腰敛臀，沉肩坠肘，立身中正。
2. 后坐引化不要跪膝，要转腰顺肩，不要有横劲。
3. 重心保持前后立圆运动，不要上下起伏重心。

（三）功理作用

1. 通过前插后引，以腰带手、以手领身的立圆运动，充分活动肩关节，预防肩周炎。
2. 通过下肢虚实变化，可改变下肢肌肉力量。

六、折叠单推手

（一）动作说明

1. 甲乙相对站立，相距以双方两臂握拳前平举时拳面相触为准，身体自然放松；目视对方。（图2－53）

2. 甲乙双方开同侧步，与肩同宽；目视对方。（图2－54、图2－55）

3. 两臂缓缓上抬，与肩同高同宽；缓缓下落，两掌按至腹前，目视对方。（图2－56～图2－58）

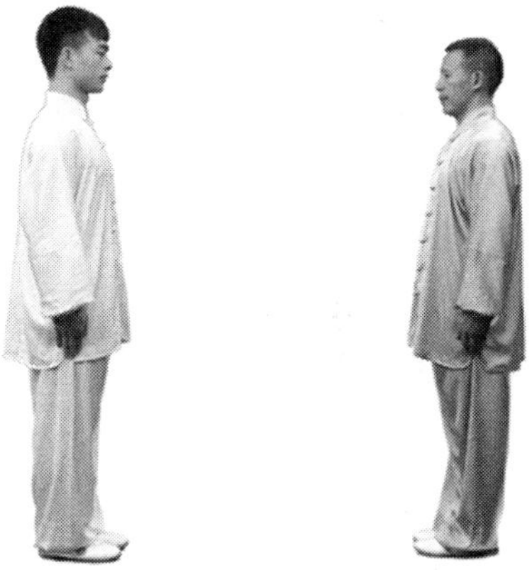

图2－53

4. 身体重心左移，右腿收至左脚内侧；左转腰，两臂外撑；动作不停，左手向后向上摆至肩前，右手向前外旋摆至左腹前，两臂合抱于肩腹之间；目视对方。（图2－59～图2－61）

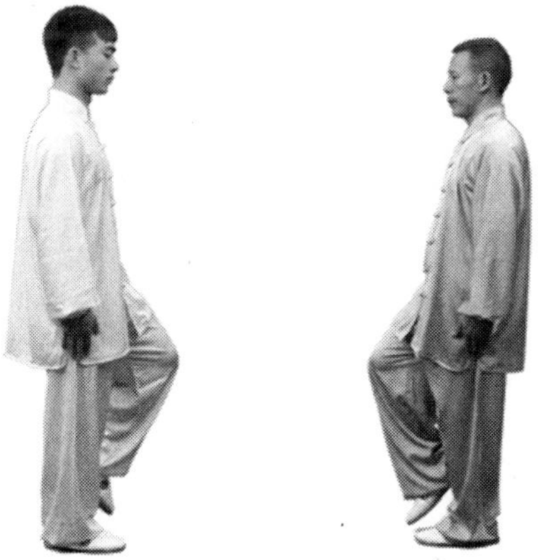

图2－54

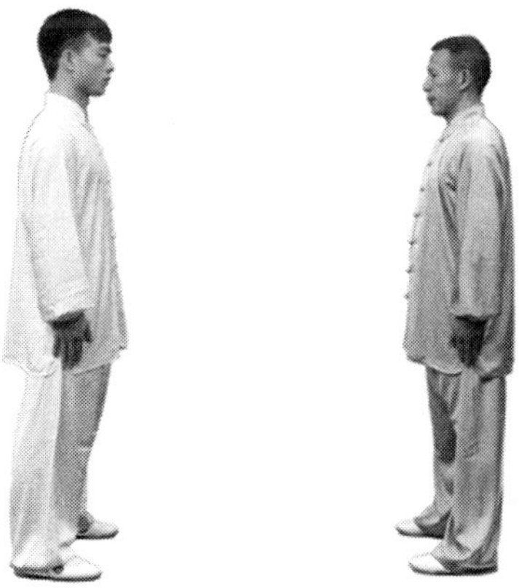

图2－55

图 2－56

图 2－57

图 2－58

图 2－59

图 2 -60

图 2 -61

5. 接上式，右脚抬腿上步，脚跟先着地，双方成右虚步；右手向前向上接触搭腕于面前，左手下按于左髋关节处，松沉撑圆；目视对方。（图 2 -62、图 2 -63）

图 2 -62

图 2 -63

6. 甲右手向乙面部内旋伸插（掌心向下），重心前移，右膝前弓；乙以右手用掤劲承接甲之来劲，重心后移，成虚步，向右转体，将甲右手引向头部右侧；乙继续向右转体，屈膝后坐，右臂外旋，掌心向上，掌背压于甲右手腕上，向下绕

弧引带将甲右手沉压至右胯旁；目随手走。（图 2－64～图 2－66）

7. 乙顺势将右手内旋循弧线上提向甲面前伸插，重心随之前移，成右弓步；甲右手粘随乙右手来势，重心后移，左腿屈膝，成虚步，同时身体右转，将乙右手引向头部右侧甲继续转腰收腹敛臀，右臂外旋使掌心向上，掌背压乙右手腕上，向下绕弧引带，将乙右手沉压至右胯旁；顺势引带到右肩前，头部右侧。（图 2－67～图 2－70）

此动作循环练习，方向互换。亦可左足在前，搭左手进行。最后还原成搭腕式。（图 2－71）

图 2－64

图 2－65

图 2－66

图 2－67

图 2－68

图 2－69

图 2－70

图 2－71

（二）动作要领

1. 走化对方来势时，注意转腰收腹敛臀，以身带臂，以手领身，化解对方劲路。

2. 手臂粘连不可脱手。

3. 接触点要旋转圆活。

（三）功理作用

1. 通过加强前臂的旋转，可增强前臂肌肉灵敏性。

2. 通过此动作的练习，可预防腕关节、肘关节、肩关节的不适，促进疾病康复。

七、单缠手

（一）动作说明

1. 双方自然站立，开同侧步，2～3 脚距离；甲乙右手相搭手腕于面前；左手按至髋关节处；目视手掌。（图 2－72～图 2－75）

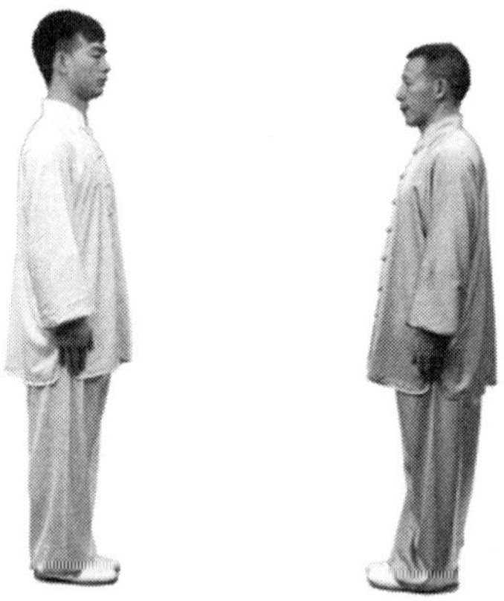

图 2－72

图 2－73

图 2－74

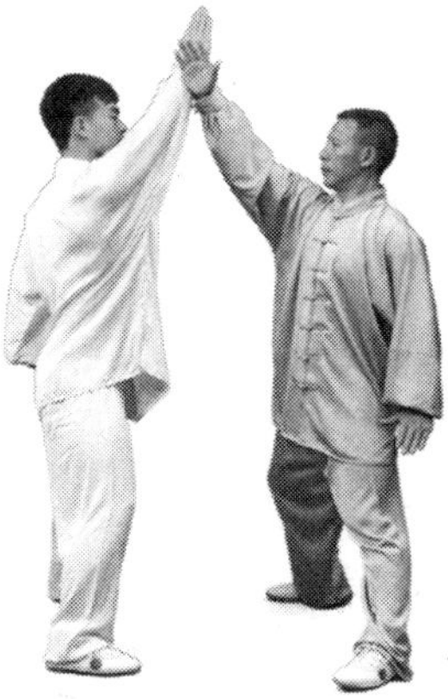
图 2－75

2. 身体重心向右，成弓马步；甲手臂内旋缠压乙右手臂，向右向下至右腹前，掌心斜向下；目随手走。（图 2－76、图 2－77）

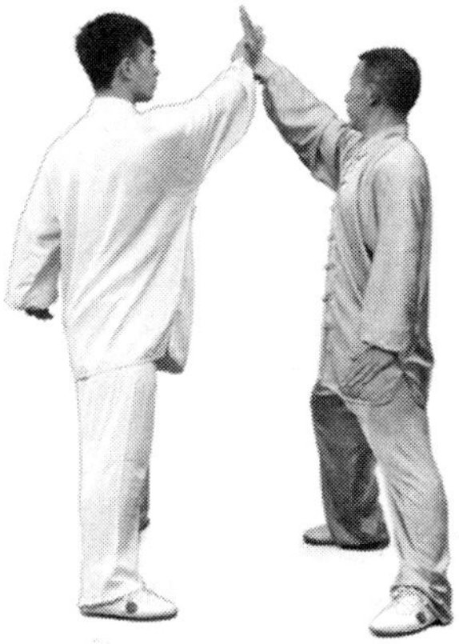
图 2－76

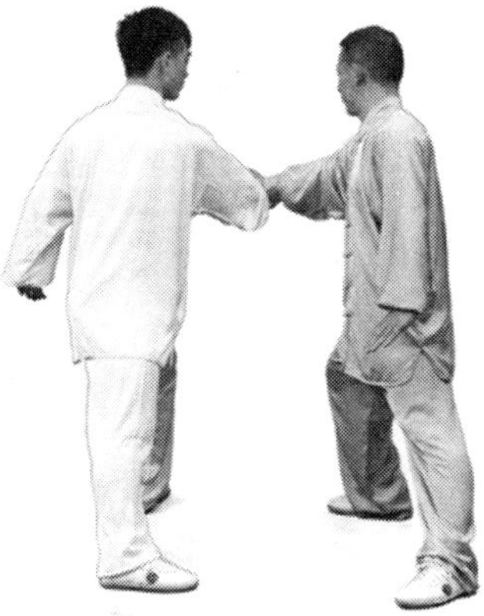
图 2－77

3. 甲用右臂内旋，手心向内，掌指斜左前下方；乙方适当用劲，给对方一定的阻力。（图 2－78、图 2－79）

图 2－78

图 2－79

4. 接上式不停，向右缠掤至左腹前，以手领身，以腰带手继续上掤至面前。（图 2－80、图 2－81）

图 2－80

图 2－81

此动作可循环练习 3～6 次，换方向。亦可交换左手，双方互换练习。

（二）动作要领

1. 甲做动作要有意识上领，变掤变旋臂，腰带手领；同时，乙适度加劲于甲，以锻炼甲上掤转肩，臂腕下按採手。

2. 上下两个转换点要以腰带手，以手领身。

（三）功理作用

1. 通过缠臂练习，提高上肢肩臂的肌肉力量，预防肩关节疾病与不适。

2. 通过手臂接触点转化，可以增加该处的骨密度。

3. 通过以腰带手的练习，可以加强腰、腿部肌肉的力量。

八、双掤手

（一）动作说明

1. 甲乙对面而站，右脚在前，两腿重心在后，均成虚步；甲封按在乙手腕处，掌心向下；目视对方。（图 2－82）

2. 甲重心缓缓前移，成弓步，两掌缓缓向前推按；乙随之缓缓后移重心，重心成后虚步，屈膝、弓腰掤化对方推按；目视前下方。（图 2－83、图 2－84）

图 2－82

图 2－83

3. 乙缓缓重心前移，经马步成弓步，两臂逐渐用劲向前掤抬甲；甲缓缓后坐重心，经弓马步成虚步，屈膝弓腰含胸拔背，两掌适当用劲，给对方一定的阻力。（图 2 – 85 ~ 图 2 – 87）

图 2 – 84

图 2 – 85

图 2 – 86

图 2 – 87

此动作可反复进行练习 3 ~ 6 次，甲乙换手，乙方推按，甲方掤化；甲乙可互交换左步在前进行练习。

（二）动作要领

1. 整个动作过程要缓慢，先用意再用力，再用意而不用力。
2. 先练动作，再逐渐加劲，同时体会周身具有掤劲。
3. 注意推按时要沉胯，按在腰弓；掤化要含胸拔背，百会上领。

（三）功理作用

1. 通过彼此掤挤按化，提高上肢肌肉力量以及皮肤对外力的灵敏性。
2. 通过逐渐加劲，可增强该接触点的骨密度。
3. 通过虚、马、弓步的转化以及腰膝折叠，可提高下肢和腰部脊柱肌肉力量和柔韧性。

九、立圆双缠手

（一）动作说明

1. 甲乙面对而站，开同侧步，距离自己脚长 3 ~ 5 脚；甲乙双方相互搭手，甲左手在外，乙右手在内；甲右手在内，乙左手在外；目视对方。（图 2 – 88）

2. 甲向右移重心，乙随之向左移重心；两臂按顺时针方向，自 12 点向 3 点、6 点、9 点方向缠绕；目随手走。（图 2 – 89 ~ 图 2 – 93）

图 2 – 88

图 2 – 89

图 2 –90

图 2 –91

图 2 –92

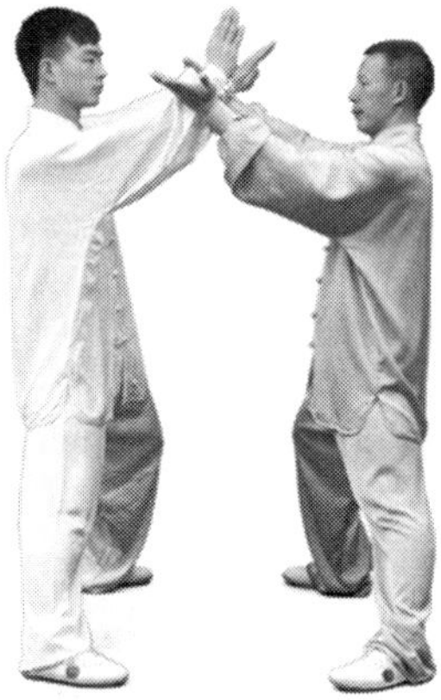

图 2 –93

此动作按顺时针做 3 ~6 圈，再按逆时针做 3 ~6 圈。身体重心可根据自己身体情况采用高、中、低架。

（二）动作要领

1. 双手缠绕粘连劲，不可脱手，注意转化接触点要圆活。

2. 两臂缠绕，身体重心随之转换；注意膝、胯、腰等关节部位，上下相随。

（三）功理作用

1. 通过两臂缠绕，可以加强上肢肩关节的灵活性，预防肩周炎。

2. 通过两前臂腕关节处的滚动缠绕，可提高该处肌肉灵敏性以及骨骼的骨密度。

3. 通过上下左右重心的转换，可加强下肢关节的灵活性以及下肢的肌肉力量。

十、贯耳双缠手

（一）动作说明

1. 甲乙面对而站，上右步，成右虚步；甲双臂在内，乙双臂在外；目视对方。(图 2－94)

2. 甲重心后坐，成虚步，乙重心前移，成弓步；乙两臂由外向内滚压、缠绕甲两臂至腹前，目视对方。(图 2－95)

图 2－94

图 2－95

3. 接上式，甲慢慢重心前移，成弓步；乙慢慢后坐重心，成虚步；同时，双方两臂粘连不丢，向上缠绕至面前，甲双手在内，乙双手在外；目视对方。（图2－96～图2－98）

图2－96

图2－97

图2－98

此动作反复练习3～6次，换甲方双手在外，乙方双手在内。也可换左脚在前，反复练习。

（二）动作要领

1. 双方两臂缠绕不丢不顶，注意体会缠绕接触点要圆活。

2. 上肢做缠绕运动，要与下肢重心前弓后坐移换协调一致。

3. 甲方要给乙方一些抗力，动作速度要缓慢。

（三）功理作用

1. 通过接触点的缠绕运动，可提高手腕的肌肉灵敏性。

2. 上肢的上下内外弧线运动，可预防中老年人肩关节疾病以及起到一定康复作用。

十一、交叉双缠手

（一）动作说明

1. 甲乙双方面对而站，目视对方。（图 2－99）

2. 甲乙双方开同侧步站立，目视对方。（图 2－100）

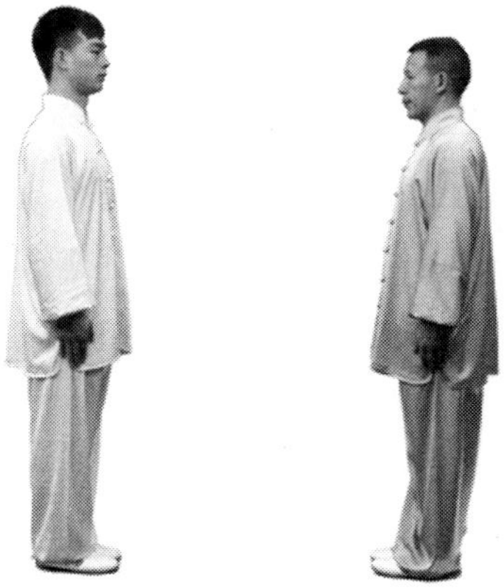

图 2－99

3. 接上式，重心在左脚并外摆，上右步，两手搭腕，左右交叉，甲右手在上外方，左手在下内方；乙左手上内方，右手下外方。目视对方。（图 2－101）

4. 甲右手自外向内、向下缠绕乙左手腕，同时左手向外、向上缠绕乙右手腕。（图 2－102 ~ 图 2－105）

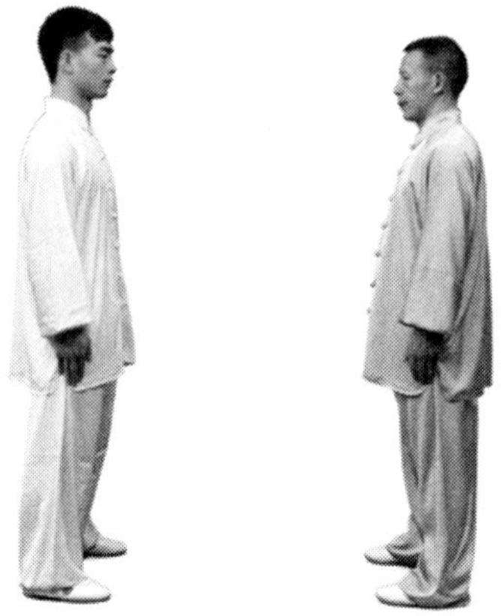

图 2－100

图 2－101

图 2－102

图 2－103

图 2－104

图 2－105

此动作反复练习 3 ~6 次，亦可换左脚在前进行练习。

（二）动作要领

1. 两臂交叉缠绕，要与身体重心前后移动协调一致。
2. 两臂缠绕时要滚动圆活，不可脱手。

（三）功理作用

1. 两臂交叉缠绕，可增强前臂手腕关节灵活性。
2. 通过前后重心移换，可增强中老年人下肢肌肉力量。
3. 缠绕时左右腰带，可提高腰部灵活性，预防腰肌劳损。

十二、平圆双推手

（一）动作说明

1. 预备式，甲乙相对站立，相距以双方两臂握拳前平举时拳面相接触为准。（图 2－106）

2. 甲乙双方开同侧步站立，目视对方。（图 2－107、图 2－108）

3. 双方右脚向前上步，两脚内侧相对，相距约 15 厘米，双方身体重心稍偏左腿，微屈膝。同时双方右手上掤搭腕，臂微屈，手背相贴，手腕交叉相搭，左手掌扶于对方右肘部；目视对方。（图 2－109）

图 2－106

图 2－107

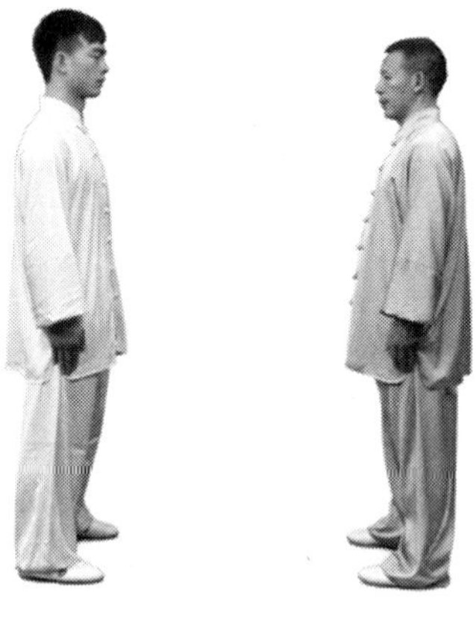

图 2－108

图 2－109

4. 甲右手内旋，掌心按于乙右手腕上，向下向前推按，左手同时扶在乙肘部向同一方向推按，使乙右臂贴于胸部；乙以右臂用掤劲承接甲之按劲，同时左手掌扶于甲右肘部，向后引化，重心后移，左腿屈膝，身体微向右转，用右臂将甲按劲向右引化，左手辅助，使甲按劲落空。（图 2－110～图 2－112）

5. 乙顺势翻右掌，右掌心按于甲右手腕，同时两手向下、向前推按，其动作和目的与甲用按势相同；甲右臂则用掤劲承接乙之按劲，并向后引化，同时左手掌扶于乙肘部，重心稍后移，上体微右转，用右臂将乙方按劲向右引化，使其按劲落空。（图 2－113～图 2－116）

此动作反复练习 3～6 次，甲方先领做，然后再换乙方先领做。也可换左脚在前进行练习。（图 2－117）

图 2－110

图 2－111

图 2－112

图 2－113

图2－114

图2－115

图2－116

图2－117

（二）动作要领

1. 推按时重心前移，向前由虚步经马步变成弓步，向后引化重心后移要含胸，进退配合要协调。

2. 双手粘连黏随不脱离，用劲要适当，体会顺势走化、随屈就伸的虚实变化。

3. 两臂做平圆运动，同时膝关节也做平圆运动。

（三）功理作用

1. 通过做平圆运动，可锻炼腰、膝、胯等部位转换圆活性。

2. 推按掤化，要以腰带，含胸拔背，可锻炼胸背及腰部肌肉。

十三、立圆双推手

（一）动作说明

1. 预备式，甲乙相对站立，相距以双方两臂握拳前平举时拳面相接触为准。（图 2－118）

2. 甲乙双方开同侧步站立，目视对方。（图 2－119、图 2－120）

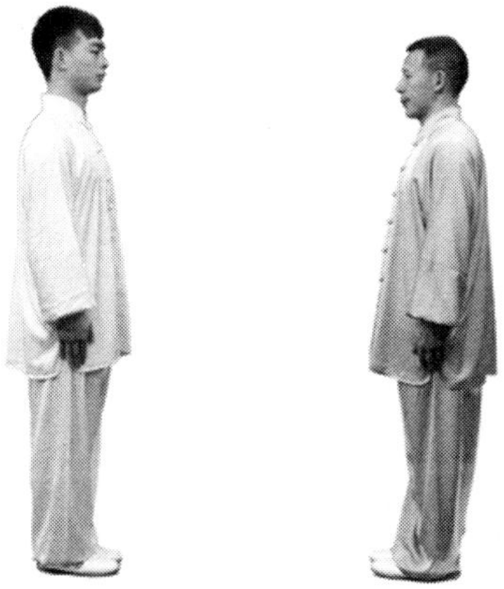

图 2－118

图 2－119

3. 双方右脚向前上步，两脚内侧相对，相距约 15 厘米，双方身体重心稍偏左腿，微屈膝。同时双方右手上掤搭腕，臂微屈，手背相贴，手腕交叉相搭，左手掌扶于对方右肘部；目视对方。（图 2－121）

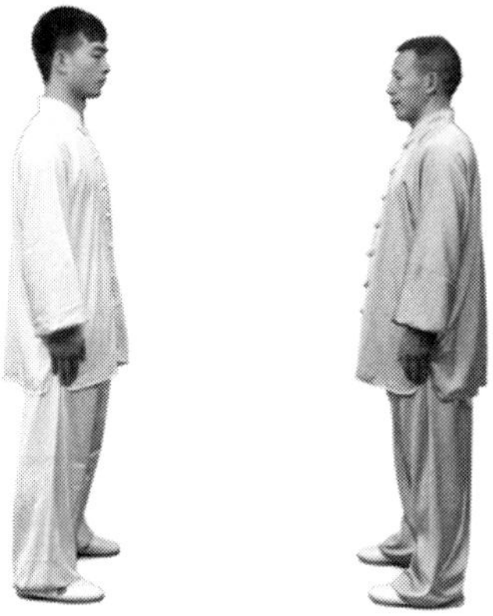

图 2－120

图 2－121

4. 甲右手向乙面部内旋伸插，左手扶于乙右肘部，重心前移，右腿屈膝前弓；乙以右手用掤劲承接甲之来劲，左手扶于甲右肘部，重心稍后移，左腿屈膝，向右转体，将甲右掌引向头部右外侧，并使其落空。（图 2－122）

5. 接上式，动作不停。乙顺势将右掌置于甲右手腕上，向下弧线切按，左手同时向下按甲右手部至腹前，重心前移，右腿屈膝前弓，右手向前伸插腹部，左手扶于甲右肘；甲以右手用掤劲承接乙之来劲，右臂顺势回引，左手扶于乙右肘部，重心后移，左腿屈膝后坐，向右转体，将乙右手引向右胯侧，使其落空。（图 2－123、图 2－124）

图 2－122

图 2－123

6. 甲再将右手循弧线上提至头部右侧向乙面部伸插，左手扶于乙右肘部，重心前移，右腿屈膝前弓，乙如前势用掤劲，将甲右手来势向后引化至头部右侧，使其落空。（图 2－125～图 2－127）

图 2－124

图 2－125

图 2－126

图 2－127

此动作可循环反复练习 3～6 次，换乙方进攻，甲方掤化防守。也可左右脚和左右手交换练习。

（二）动作要领

1. 做立圆运动，动作要充分，辅助手掌不要脱手。
2. 双方要有攻防意识，甲方先进攻，乙方后坐引化防守。
3. 重心前后平移，不可上下跳动。

（三）功理作用

1. 前后做立圆运动，可提高中老年人肩关节灵活度，预防肩关节疾病和不适。
2. 重心前后虚、马、弓步的转化，可锻炼下肢关节灵活性以及下肢肌肉力量。

十四、折叠双推手

（一）动作说明

1. 预备式，甲乙相对站立，相距以双方两臂握拳前平举时拳面相接触为准。（图 2－128）

2. 甲乙双方开同侧步站立，目视对方。（图 2－129、图 2－130）

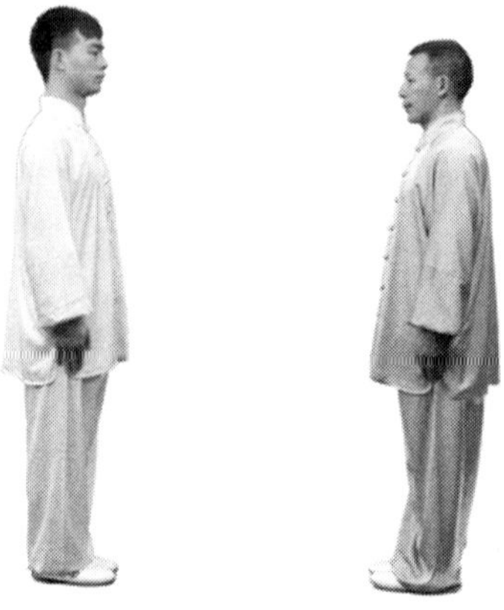

图 2－128

图 2－129

3. 双方右脚向前上步，两脚内侧相对，相距约 15 厘米，双方身体重心稍偏左腿，微屈膝。同时双方右手上掤搭腕，臂微屈，手背相贴，手腕交叉相搭，左手掌扶于对方右肘部；目视对方。（图 2－131）

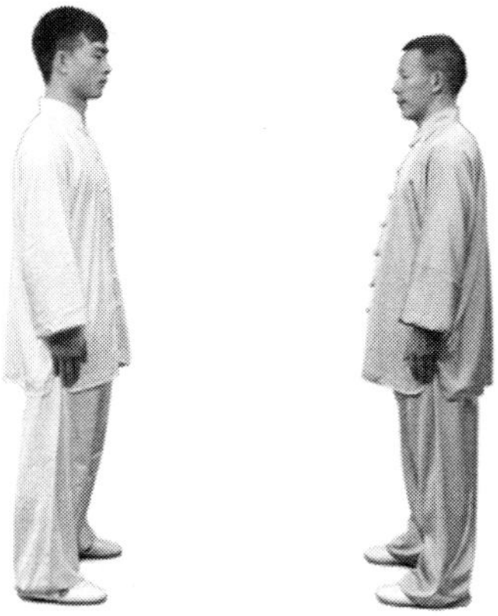

图 2－130

图 2－131

4. 甲右手内旋向乙面部伸插，重心前移，右腿屈膝前弓，左手扶于乙右肘部；乙以右手用掤劲承接甲来势，左手扶于甲右肘；重心后移，左腿屈膝，身体微右转，右臂外旋屈肘，使右掌心向上翻于甲右手腕上，向下循弧线引带沉压甲右手至右腹前，重心后移，右腿屈膝前弓。（图 2－132～图 2－134）

图 2－132

图 2－133

5. 乙将右手循弧线上提，向甲面部伸插，左手扶于甲右肘；甲随势重心后移，以右手掤劲，承接乙来势，身体微右转，左腿屈膝后坐，右臂外旋，屈肘，使右掌心向上翻于乙右手腕上，向下循弧线引带沉压乙右手至右腹前，左手扶于乙右肘部。（图 2－135、图 2－136）

6. 甲将右手沿弧形路线上提，向乙面部伸插，重心前移，右腿屈膝前弓；乙随势重心后移，以右手用掤劲承接来势。（图 2－137、图 2－138）

图 2－134

图 2－135

图 2－136

图 2－137

此动作反复练习 3 ~ 6 次，换乙方进攻甲方。还原中间成搭手状。

也可左脚和左手互换练习。

图 2 －138

（二）动作要领

1. 粘连翻转时，动作要充分，两手掌不可脱手。

2. 完成动作顺势顺劲不丢顶。

3. 插掌捋化要转腰顺肩。

（三）功理作用

1. 通过插掌，可锻炼手掌前臂肌肉关节的灵活性及预防上肢关节的不适。

2. 通过转腰顺肩捋化，可锻炼腰部肌肉和刺激带脉等经络。

十五、合步四正手

（一）动作说明

1. 预备势，甲乙相对站立，相对距离，以双臂握拳前平举时拳面相接触为准；目视对方。（图 2 －139）

2. 双方右脚向前迈出一步，两脚内侧相对，10 ~ 20 厘米，双方身体重心稍偏于左腿，左腿屈蹲；同时，双方右手向前上举，臂微屈，手背相贴，手腕交叉相搭，左手掌扶于对方右肘部，成掤势；目视对方。（图 2 －140 ~ 图 2 －142）

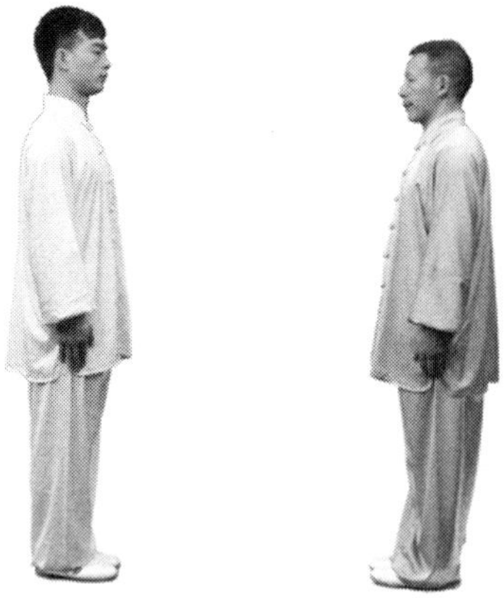

图 2－139

图 2－140

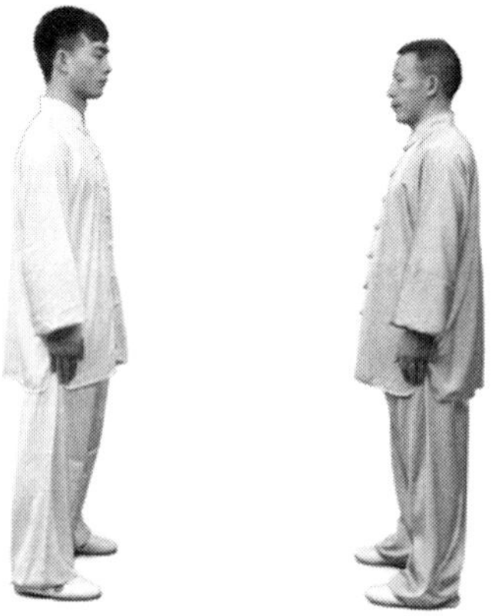

图 2－141

图 2－142

3. 接上式，动作不停。甲右手承接乙右手之掤劲，身体稍右转，将右臂向右后引带，右手腕粘住乙右手腕，内旋翻转，用掌心贴附于乙右腕，左手扶于右肘部，顺乙右手之掤劲，重心后移，成虚步，同时身体右转腰，两手向后引带右臂，成捋势动作；乙随甲捋势右腿屈膝前弓，重心稍前移，身体微左转，左手脱开右肘部扶于右臂内侧。（图 2－143、图 2－144）

图 2－143

图 2－144

4. 接上式，乙顺甲捋势，身体向右转，以右前臂平挤甲胸部，左手贴在右臂内侧辅助，迫使甲两手挤于胸前，将甲的捋势化解。（图 2－145）

5. 接上式，甲顺乙之挤势，身体左转，两手同时向前、向下推按乙左前臂，使用挤劲落空。甲以掤劲承接乙之按势，用左手背接乙左手，以左肘接乙右手，右手由下而右绕出，扶于乙左肘部；重心稍后移，左腿屈膝后坐，身体左转；左臂掤住，乙按势向上，循弧线引带，双方搭手成掤势，右手扶于对方左肘部。（图 2－146）

图 2－145

图 2－146

6. 乙身体继续左转，左手内旋翻转粘住甲左手腕，右手扶于甲左肘，向左后引带甲之左臂成捋势；甲顺乙捋势，重心前移，右腿前弓，身体稍右转，左手自然脱落甲左肘部，扶于左前臂内侧。（图 2－147～图 2－150）

图 2－147

图 2－148

图 2－149

图 2－150

7. 甲顺乙捋势，右手扶于左臂内侧，身体向左转，以左前臂平挤乙胸部形成挤势，身体向右转，重心后移。乙重心前移，右腿屈膝前弓，两手向下、向前按

甲右前臂形成按势。（图 2－151）

8. 甲顺乙按势，用右手臂掤住乙按劲，左手由下向左绕出，扶于乙右肘，身体略右转，重心稍后移，左腿屈膝，同时右臂向上、向右弧形引伸，双方形成搭手掤势。（图 2－152 ~ 图 2－154）

图 2－151

图 2－152

图 2－153

图 2－154

如此循环反复练习 3 ~6 次，换方向练习。也可换左脚前、左手搭手交替进行。

（二）动作要领

1. 练习时要做到圆活连贯，上下相随，左右呼应顺势走化。
2. 掤、捋、挤、按 4 种技法的劲力、劲路变化和运化的规律要清楚。
3. 重心前后运动，左右腰转。

（三）功理作用

1. 通过掤、捋、挤、按技术练习，锻炼中老年人上肢与腰部的协调性。
2. 通过适当用劲，可以锻炼人体感知能力和提高神经反应能力。

十六、大捋推手

（一）动作说明

1. 预备式，两人相对成右虚步站立；右手腕相互搭腕，粘贴掤住，左手搭扶对方右上臂肘关节处，成右手腕交叉双搭手；双方目视对手。（图 2－155）

2. 甲右手内旋成掌心向外，两掌按乙右前臂。乙右前臂掤住甲双按，右手内旋翻掌虚握甲右手腕，向右採引，同时左足尖内扣，右足向右后方退步，右转腰。乙左足向左前方迈步，以缓解甲的採捋，保持身体平衡。（图 2－156、图 2－157）

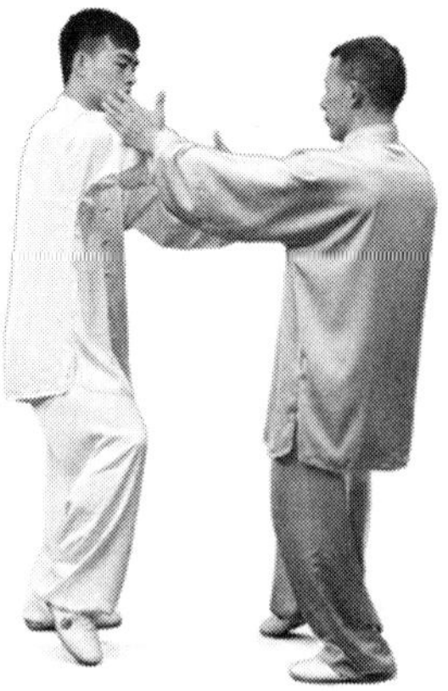

图 2－155

图 2－156

3. 甲继续右手采捋，左手尺骨处粘捋乙右上臂，近肘关节出，使乙失去平衡；乙乘甲采捋之势，进右足插于甲左足内侧。同时，左手附于右肘内侧，沉肘坐腕，掌指上扬，以肩部向甲胸部贴靠，成弓马步。（图 2－158）

图 2－157

图 2－158

4. 乙顺势挤靠，右手臂内旋反擒握甲之右手腕，左手封在甲右肘关节处，成采捋甲右手臂状；随即提右脚，向右转身；向后侧两步，甲随之进两步。（图 2－159、图 2－160）

图 2－159

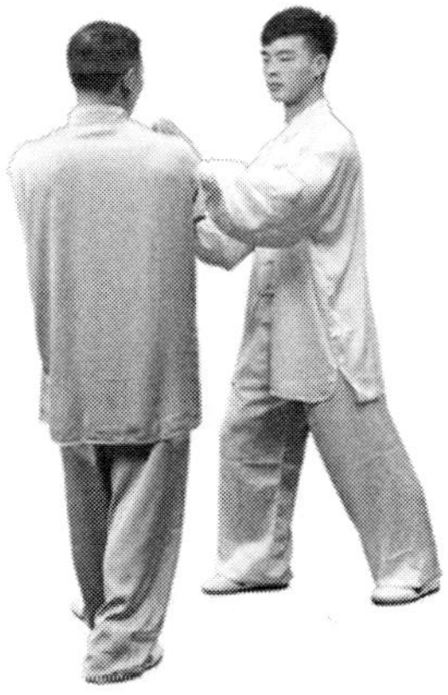

图 2－160

5. 接上式，动作不停。乙擒握甲之右手臂做采捋势；甲顺势上步，紧贴乙前腿内侧，左手贴在右肩胸前，成弓马挤靠。(图 2－161)

此动作再连续做 2 次，方向为四个斜角。(图 2－162～图 2－169)

图 2－161

图 2－162

图 2－163

图 2－164

图 2－165

图 2－166

图 2－167

图 2－168

图 2－169

（二）动作要领

1. 两人步法配合要协调。
2. 甲捋要主动使用採捋，乙靠要贴身松沉顺劲。

（三）功理作用

1. 通过步法的练习，提高习练者下肢的灵活性。
2. 通过捋靠的练习，提高中老年人肌肉、关节的灵敏性。

十七、竞技推手单势

（一）进步掤

先预备姿势左架为例站立，左腿向前迈大步，左臂前上掤出，高不过头，低不过肩，劲达手臂前外侧。右脚上步，左手臂前上掤。此动作可做进退反复练习。

（二）上步按

以左架预备姿势为例，右腿上步，同时两手臂手至胸前，展腹展胸掤至胸前，向前按出，劲达掌根。目视前下方。

（三）进步捋挤

以左式为例，左脚进步，左捋顺势前挤，劲达前臂。

（四）掤按式

以左架为例，上步上掤，落步跟步前按。目视前方。

（五）左掤右按

左臂斜向上掤架，右手下按。又可分为：上步掤按、进步掤按。

（六）进步採按

以左架为例，左採右按，左手掌以小指领劲，依次外旋；同时右臂内旋，斜前下方发劲，目视前下方。

（七）左右挒

以左架为例，左进步挒出，目视斜前方。

（八）退步採按

以左架为例，左手採对方左臂，侧身让位，随机推按。目视左后方。

（九）穿梭式

以左架为例，採捧、右前45°前推掤。目视左前方。

（十）进步採靠

以左架为例，左脚快速进步，落脚同时採用肩靠。目视前下方。

（十一）退步採推

前脚向后退步，同时一手採对手上臂，另一手推击对手腰腹部。

（十二）进步搂

以左架为例，左进步下潜搂摸对方的后腰，同时，碾脚转身，转换在腰。目视左后方。

（十三）野马分鬃

以左架为例。

预备式：重心移至右脚，左脚成虚步点地；左手在下，右臂在上，掌心斜相对，成抱球式；目视前方。

（1）右手顺势採握对方的右手腕处，左手穿靠对手的腋下胸前；同时左脚向前迈一大步，成弓马步，封套对手前腿膝关节外侧，管住对手的退路；目视对手。

（2）两臂斜向左前方分掌挒击，左右两臂形成前后左右的挒劲，目视对方。动作可以封套其前腿，也可以封套其后腿。

第三章 太极推手战术

实现战术目的，必须掌握战术原则、战术形式和发挥战术作用的条件，这是运用战术的基础，其掌握的广度、深度直接影响战术的质量和效果。故此，战术训练要培养良好的战术意识。这就是在复杂、多变、困难的环境下，积极地观察场上情况，随机应变，快速准确地决定自己的战术行动方案。战术意识反映在行动的预见性、判断的准确性、攻防的主动性、技术的目的性、动作的隐蔽性、配合的一致性、战术的灵活性等诸方面。可以说运动员在比赛中每一个战术的正确运用，无不受战术意识所支配，战术意识水平是衡量运动员成熟与否的重要标志。

太极推手战术，是根据比赛双方的各种具体情况，为战胜对手而采取的计谋和方法。

随着太极推手运动的发展，比赛中运动员技术水平和竞技能力日趋接近，单凭身体、技术战胜对手的机会逐渐减少，良好的运动素质和技术水平，只有通过一定的战术形式表现出来，才能在比赛中有更多的取胜机会。因此，太极推手战术训练是推手训练的重要内容，它的作用就在于把运动员已经获得的身体、技术、心理等训练成果，根据比赛双方的具体情况综合应用，其核心就是“制人而不受制于人”，制造有利的形势，掌握主动权。为了争取主动，一方面对自己要扬长避短；另一方面对对手要扬长制短。比赛中双方旗鼓相当，在势均力敌的情况下，正确运用战术，可减少体力的消耗和无效行动，对夺取比赛的胜利具有重要的作用。

太极推手战术的形成与运用是建立在一定的身体、技术、心理、智能基础之上的。同时，推手战术的培养反过来对运动员的身体、技术、心理、智能的训练水平有较好的促进作用。例如：练习主动进攻战术，可以提高运动员的反应速度、动作速度、进攻速度；可以提高运动员的听劲、化劲、发劲等判断能力；还可以提高运动员的勇敢、坚决、果断的品质。太极推手比赛十分讲究“斗智、斗勇、斗技”，而战术应用的过程就是一个“斗智”的过程。它有利于促进运动员智能的发挥与提高。

太极推手战术训练，首先要树立正确的战术指导思想，注重实用性和技巧性。要遵循推手技术的规律和竞赛规则，进行战术训练，最终实现战术的目的，并在训练实践中丰富推手的技术内涵，使之呈现出沉着、稳健、技巧、多变的技术风格。

一、战术原则

战术原则，是制订战术计划、实施战术方案必须遵循的准则。

（一）太极推手动作战术的设计

战术，是通过一定的技术动作运用来实现的，不同动作的技术组成方案表达了不同的战术思想。因此，按推手动作功能设计战术是合理地、有效地发挥技术的战术原则。它能使我们从推手技术的整体性、有序性、相关性、动态性的系统观点中，正确地制定战术，而不是独立地、片面地考虑某一个战术环节和某一个战术动作的技术因素，产生单一的战术方案。

太极推手的动作主要由手法、身法和步法组成，其中大部分动作既能进攻，也能防守，或攻中有防，防中寓攻。充分发挥其功能，还要认识动作之间的关系，如上与下、长与短、大与小、进与退、近与远、攻与防，互相矛盾、互相制约、互相转化的规律，按照不同动作的不同作用，制定不同的战术方案。

（二）合理运用攻防设计战术

在比赛中，有些运动员一味讲究进攻，不顾防守；有的则单纯防守，不讲进攻，结果使攻防失调，顾此失彼。因此，要遵循“攻防兼顾”的原则，在瞬息万变的激烈对抗中，临战不乱，临危不惧，保持攻防的合理节奏。

攻防兼顾又不是绝对的或一成不变的。在比赛中要根据具体情况灵活应用。一般来讲，面对强手，应加强防守，防中有攻，以防守反击为主；面对弱手，要积极进攻，攻中有防，以主动进攻为主；水平相当时，要攻防兼顾，做到有序进攻，稳妥防守，抓住战机，猛烈进攻。

（三）合理运用控制的战术

在推手比赛中，有许多运动员说："我浑身是劲，动作还没有用上就输了，真气人。"产生这种现象的原因是被对方所控制了。推手比赛的过程，实质上是一个控制与反控制的过程，谁控制对方，谁就占有主动权。例如，甲乙双方，甲擅长摔法，乙如果不能有效制其特长，甲的摔法就会得到充分发挥，成功率就会提高；如果换了丙与其相对，丙了解甲的特长，只要甲使用摔法，丙便防守破之，成功几次后，甲在心理上就会产生慌乱，不但摔法这一技术专长发挥不出来，其他技术也难以正常地发挥和运用。所以，在制定战术时，就是要根据控制与反控制这一原理，全面了解对方的情况，避虚击实，先夺其长，掌握主动权，使其不能发挥技术特长。

（四）多变的战术

推手的任何战术都不是万能的。在比赛中采用固定不变的战术，容易被对方摸到规律，使自己陷入被动的困境。在设计战术时，应多考虑几种战术形式及其互相之间的衔接和配合，这样，可以最大限度地体现不同的进攻方向和攻击点。不同攻击点是指从正面、侧面、背面等不同的角度，对对方的上、中、下三盘交错进攻。

在推手比赛中战术的变化要有灵活性、针对性和实效性，否则，光图形式多样，华而不实，没有针对性、实效性，形式再多，也不能取得最终胜利。

（五）根据对方的形态制定战术

推手比赛和作战打仗一样，要战胜对方，首先要了解对方。兵法云："知己知彼，百战不殆。”否则，制定的战术就没有针对性，就会陷入盲目的冒险之中。战术设计之前应了解对方的以下几种情况。

1. 技术状况

技术状况指对方是善于用按，是善于用挤，还是善于用靠；他的攻击实力是什么，主要得分手段靠什么；对方的技术弱点是什么，是防按法能力差，是防靠法能力差，还是防挤法能力差等。

2. 攻防类型

一般来讲，运动员的功法类型有三种：一种是以主动进攻为主的进攻型；一种是以防守反击为主的防守型；另一种是能攻能守的综合型，在制定战术前，要了解对方属于哪一种攻防类型，“对症下药”。

3. 动态类型

运动员有不同的动态类型：有的属于力量型，进攻时主要依靠强大的力量威慑对方，消弱对方战斗力，以力取胜；有的属于技术型，主要依靠良好的技术发挥，以得分取胜。对付前者需要制定以快制力、以巧制力的战术；对付后者则需要封堵路线、改变距离等，制定连续进攻的战术。

4. 身体素质

运动员之间的身体素质有着明显的差异。有的力量大，有的耐力好，有的反应快，有的速度快，有的协调性好。对于不同身体素质的对手要采用不同的战术。例如，遇到耐力差的就要采用消耗其体力的战术，进攻时逼着对方使其没有反击之力或把对方斗急了，再进攻，不给其喘息的机会，使对手体力迅速下降而取胜之。

二、战术形式

推手的战术形式，是为了完成战术意图而由各种动作组成的具体方法。推手以它丰富的技术内容和相生相克、相互制约、相互转换的技术规律，为推手多彩多姿的战术形式提供了先决条件。推手的战术形式如下。

（一）直攻战术

直攻战术，是指在没有虚晃及假动作的掩护下，使用该方法进攻对方。运用直攻战术需具备以下条件。

1. 当对方的反应速度、动作速度、位移速度没有自己快时。
2. 当对方的攻防不够熟练时。
3. 当对方的体力不足时。
4. 当对方的防守姿势出现空隙时。
5. 当对方的距离能有效地使用进攻动作时。

（二）强攻战术

强攻战术，是指硬性突破对方的防守后发出的攻击。运用强攻战术需具备以下条件。

1. 力量、速度、耐力素质比较好，但技术不如对方时。
2. 身体素质好，技术比较全面，但比赛经验不如对方时。
3. 对方的进攻能力比较差时。
4. 对方的耐力比较差时。
5. 对方的心理素质比较差时。

采用强攻战术，以扰乱和破坏对方的心理平衡、战术准备和距离感，乱中取胜。猛冲猛打并不是盲目蛮干，而是通过强攻这一战术手段，扬己所长，实现打击对方的目的。

（三）佯攻战术

佯攻战术，是有目的地造成对方的错觉，把对方引入歧途，实现真实进攻。在推手比赛中，佯攻是最为常见的战术形式之一。

随着技术水平的普遍提高，特别是当对方动作反应快、防范能力强时，直接进攻容易被防守、截击或反击。可采用左右、前后、上下虚晃动作；采用指上打下、指下打上、指左打右、指右打左等假动作，以转移、分散对方的注意力，促使对方对自己的假动作产生某种反应，而改变正确的防守姿势，然后加以利用。这就为自己创造了进攻机会，可以提高进攻效果。

（四）迂回战术

迂回战术，是指利用步法的移动从另一面进攻。当对方力量大、正面或侧面攻击力强时，采用迂回战术，向左右两侧移动脚步，既可以避其锋芒，又可以制造战机，“以迂为直，以患为利”。

我们知道，直线比弧线短，抵达的动作快。但在推手中弧线动作又可以破直线。迂回前攻，调动对方随之转动，可破坏对方的动作稳定性和习惯性而产生空隙。因此，在步法的移动过程中，要注意移动的方向、角度、距离，要注意进攻的时机，更要注意步法的突变性和身体的灵活性。

（五）制长战术

制长战术，是采用相应的方法，制服对方的技术专长，使其不能正常发挥。相对来说，每个运动员都有自己的技术专长，这种技术专长是本人得分取胜所依靠的主要手段。如果能针对对方的擅长制定战术，使其擅长不能正常发挥，从而被迫采用其他的动作，这无疑能起到制彼所长的作用。

制长战术大致有以下几种：

1. 克制善于用手法的对手。
2. 克制善于用步法带腿法的对手。
3. 克制善于用摔法的对手。
4. 克制善于用按法、挒法的对手。
5. 克制善于用主动进攻的对手。
6. 克制善于用防守反击的对手。
7. 克制善于能攻能守的对手。

（六）制短战术

制短战术，即集中力量专门进攻对方的薄弱环节，制其所短。每一名运动员都有自己的弱点和短处，有的防按法能力差，有的防捌法能力差，有的防摔法能力差，有的某种身体素质差，有的基本动作差，有的有习惯性动作等。

采用这一方法，关键在于是否了解和掌握对方的短处和弱点。这可以通过赛前对对方已有比赛情况的回忆，或者借助对方同第三者比赛进行观察，或者通过其他人进行调查，综合各种情况进行分析。除了赛前“侦查”以外，更重要的是在比赛中进行观察，通过几个回合试探性进攻，对对方的弱点迅速作出判断，及时调整自己的战术手段。攻击对方的弱点，也要不断地变换方法，以免对方察觉自己的战术意图。

（七）多方位战术

多方位战术，是指进攻点立体交叉，多方位攻击对方。当一名运动员的技术水平达到一定程度，适应能力加强，对其采取单一方法的进攻，容易被他防范或反击，使进攻难以奏效。只有采用上、中、下，正面、侧面，手法、步法和摔法，使进攻方位不断变化，不规律的进攻，最大限度地扩散对方的防守注意力，才能使对方防不胜防，这样就会牢牢地掌握主动权。

实施多方位战术要求运动员技术全面，头脑清楚，并有较好的灵活性和动作转换协调能力。

（八）突袭战术

突袭战术，是针对对手产生的习惯动作，采用相生相克的方法进攻对方。在推手比赛时，只要留心注意观察就会发现运动员无意识地存在一些习惯动作。例如，有的运动员习惯用进步按，有的习惯站着推，有的习惯蹲着推。又如，在一个回合的进攻中，裁判员并没有发出“停”的口令，而双方运动员都停止了进攻，然后准备下一个回合的较量，这就是一种典型的动态习惯，如果利用这个习惯，当对方停止动作时，可突然发起进攻，出其不意，攻其不备，打他个措手不及，达到突然袭击的效果。

采用突袭战术，需要不断地观察捕捉对手的习惯动作；然后制定具体的突袭战术行动方案；平时要加强训练，使运动员掌握突袭战术所必备的技术和身体素质。

（九）反击战术

反击战术，是待对方发出进攻动作后，在防守的过程中反击对方。武术，历来讲究“以静待动”“后发先至”。主动进攻需要改变原有姿势，身体不同部位必定会产生防守空隙和薄弱环节，如能在防守的同时或之后进攻反击，则容易成功。另外，防守者“以静待动”，有思想准备，这也是比较容易用反击的因素之一。

当遇到性情急躁、缺乏比赛经验、喜欢猛打猛冲的对手时，可以以反击战术为主，主动进攻为辅。以主动进攻掩盖自己反击战术的意图；同时刺激对方，使其更加急躁，为反击战术创造条件。反击战术的手段主要有截、化、顺、空、随等。

（十）圈线战术

圈线战术，是利用竞赛规则和圈线等客观条件，采用相应的方法迫使对方出圈或踩踏圈线。圈线战术按其形式可分为前冲出圈和引化出圈。

1. 前冲出圈

前冲出圈有两种：一是把对方牵动后，抓住这一时机直线向前，直至对方出圈。二是技术不如对方，但力量比对方强，则用力量迫使对方后退，直至出圈。

2. 引化出圈

引化出圈，必须借用对方的冲力，引进落空，要求运动员有较好的听、化能力，在最短的时间里，判断出对方用力的方向。

（十一）边线战术

边线战术，是利用对方退到边缘，怕踩线或出圈的心理进行攻击。比赛中，有目的地将对方逼到边线，造成对方的心理恐惧、惊慌而致使对方紊乱，再抓住这个机会，加强正面进攻，争取得分。

（十二）体力战术

体力战术，是通过合理地分配体力以此取得比赛胜利的战术方法。推手比赛，运动员体力消耗较大。采用体力战术，就是在一场两局的比赛中，合理分配体力，既不“虎头蛇尾”，也不一味保守，使比赛结束后还保持有一定的体力。每一局用多少体力要根据对手的情况而定。如果对手技术较弱，可以保持体力以技术取胜；如果对方技术好，可以采取消耗对方体力的方法取胜；如果双方实力相当，还应有打持久战的准备。如果知道对方的耐力差，应打体力消耗战，连续进攻，不给对方喘息的机会，迫使其体力迅速下降，以此取胜。

采用体力战术，除了要考虑主观因素外，还要考虑客观因素。比赛时双方都在设法保存自己的体力，最后战胜对方，还要看谁在比赛中灵活分配、运用体力得当。

三、战术训练

（一）战术训练的要求

1. 战术意识的培养

战术意识的培养是战术训练中的重要环节。比赛中战术的制定，要靠赛前了解情况和教练员的临场决策。更重要的是在瞬息万变的情况下，靠运动员的独立作战能力、战术思维能力和战术应变能力等。因此，在训练过程中，要通过各种途径使运动员学会分析、判断、比较，促进战术意识水平的提高。

2. 基本战术与多种战术相结合

战术的训练，运动员首先要掌握几种基本战术。这样比赛中运动员才能根据自己掌握的技术、战术，随着战势的发展灵活运用。除了掌握基本战术外，还应根据自己的特点建立起对待不同对手的几种战术方法，以适应各种不同的对手。在战术训练中要求求实、求精，要严格按照实战的要求去做。

3. 战术训练要与全面训练相结合

战术训练质量的好坏，与身体训练、技术训练和心理训练有着密切的关系。训练内容的各部分之间是相互影响、相互联系、相互制约、相互促进的，因此，战术训练要与全面训练结合。

（二）战术训练的方法

1. 假　设

它要求运动员精神高度集中，有一种身临其境、面对对手的实战姿态，设想对手所采用的各种方法，自己运用相克的手法破之。如设想对手采用“抢攻”，我即可采用相应的“反击战术”而破之。这种练习可以一个战术反复练习，也可以多种战术变化练习；可以单练，也可以对练。可以设想各种情况进行练习。如“引进落空”；再“粘随快进”，或边线“换位”“强攻硬取”“连招快攻”。这种想练结合的方法，主要是为了培养战术意识，掌握各种战术的具体方法。

2. 分析战例的训练

可录制一部分比赛录像带，选择一些反映战术特点和应用较典型的片段，组织运动员反复观看。通过教练员讲解，运动员进行分析、研究。教练员提问，找出不足之处，经大家讨论找出正确答案。为使分析全面，看完片段后还应把全场比赛连起来看，局部与全局观念结合起来，然后训练。

3. 分解训练

一个战术形式往往由几个技术动作组合而成。为了使每个技术动作掌握得牢固、扎实，可将其分解开，一个动作一个动作地进行训练。例如，练习指上（双按）打下（腿靠）的佯攻战术。训练时，第一步先双掌向对方胸部按出，目的是为了使对方造成错觉，引起注意与反应。这时就要改变正常的用劲方向，使双掌变为一採一按的挒法或结合进步等练习进步挒；第二步练习上步靠，要求变式要突然，上步要快；第三步把双按掌与进步挒、上步靠连起来完整练习，掌握正确的动作节奏。

4. “喂招”训练

“喂招”训练指由同伴或教练员给练习者“喂招”，重复练习某一战术用法。例如，练习迂回战术，确定以直线动作“喂招”，练习左顾右盼及步法的配合；或以主攻进步按“喂招”，练习反击战术。教练员还可寻找练习者的空隙，指导喂招者乘虚进攻，以纠正其错误。

“喂招”应逐步加大难度。开始，练习者往往不是丢劲就是顶劲，可指定其站在限定物上，如站在砖上或方桌上，练习走化劲法。要慢慢适应，壮大胆量。“喂招”可由慢到快，虚实结合；由固定的、单一的到一招多变的灵活应用等，以提高各种战术的熟练程度和运用能力。

5. 模拟训练

模拟训练是根据不同对手由同伴进行模拟，而采取的一种针对性专门练习，以提高战术适应能力和运用能力。比如模拟主动进攻型的对手；模拟力量型的对手；模拟防守反击型的对手；模拟擅长用摔法的对手；模拟擅长用进步按的对手以及比赛中的各种情况。它要求模拟者动作要真实，以提高练习者的适应能力。

6. 找劲、摸手

它虽有比赛的因素，但其着眼点不在胜负，主要是训练和培养练习者的听劲、问劲、化劲的战术意识和战术运用的能力。初期摸手、找劲以定步为主，熟练后再加步法，可以规定一方进攻，但只限于一次性进攻与防守（反击），不许连续进攻以防死顶，在教练员的监督指导下，搭手比试，教练员视情况随时暂停，分析和纠正练习者战术运用、听劲、化劲正确与否。由易到难，待战术训练到一定程度后可安排不同特点的对手练习，轮流互换比试；或者安排一个人“坐桩”轮战，以提高战术的应变能力。

7. 实战比赛

按照竞赛规则的要求和规定，在比赛的条件下，训练和培养运动员运用战术的能力，丰富临场比赛经验。也可根据从难、从严、从实战需要出发，安排有特定条件的比赛。如不同体重级别、不同技术水平等的对手间进行比赛，重点训练弱者。或者在一场两局的比赛中，一人每局轮战一个对手，以训练和提高战术的合理运用及应变能力。另外，通过与兄弟队合练或邀请比赛的机会，进行战术训练，效果更好。

实战比赛是训练和检验技术运用的最有效手段。同时应及时进行总结，养成研讨战术的良好习惯，牢固地树立战术观念。

第四章 游戏推手

游戏推手的目的主要是提高学习的趣味性、互动性；发展学生反应能力、平衡能力和上肢、下肢、腰腿肌肉力量。它适用于青少年、健身馆人群的推广练习。

游戏推手大致有以下几种：平行双推手、平行单推手、单腿双推手、单腿单推手、平圆单推手、四正手、定式推手、定步推手。

一、平行双推手

两脚平行站立，与肩同宽，左手掌相触，肘关节微弯曲，右手按在髋关节外侧。目视对手。

方法：在听到开始“口令”时，双方可以相互进攻，进攻时不可以脱手撞击，不可推触对方除手掌以外的身体部位。

评判方法：以失去身体平衡，谁先脚移动为输方；双方同时或先后动脚均为无效。

净推 1 分钟，得分多者为胜方；若得分相同，继续比赛，先得分者为胜方。

得分：

1 分，任意一脚移动，对方得 1 分。

2 分，身体膝关节以上任意部位附加支撑，对方得 2 分。

二、平行单推手

两脚平行站立，与肩同宽，左手掌相触，肘关节微弯曲，右手按在髋关节外侧。目视对手。

方法：在听到开始“口令”时，双方只用单手相互进攻，进攻时不可以脱手撞击，不可推触对方除手掌以外的身体部位，不可有抓握动作。

评判方法：以失去身体平衡，谁先脚移动为输方；双方同时或先后动脚均为无效。

得分：

1 分，任意一脚移动，对方得 1 分。

2 分，身体膝关节以上任意部位附加支撑，对方得 2 分。

净推 1 分钟，交换右手右脚，共两局。

三、单腿双推手

先左腿支撑，右腿抬起离地，目视对方。

方法：在听到开始“口令”时，双方只用单手相互进攻，进攻时不可以脱手撞击，不可推触对方除手掌以外的身体部位，不可有抓握动作。

评判方法：以失去身体平衡，谁先脚移动为输方；双方同时或先后动脚均为无效。

得分：

1 分，任意一脚移动，对方得 1 分。

2 分，身体膝关节以上任意部位附加支撑，对方得 2 分。

净推 1 分钟，交换右手右脚，共两局。最后得分多者为胜方。

四、单腿单手推手

左腿支撑，右腿抬起，左手掌相触，自然弯曲，目视前方。

方法：在听到裁判员开始口令时，即可相互进攻。

进攻部位：手掌部。

第五章　太极推手教学

第一节　太极推手教学的基本特点

太极推手教学，既有体育的特点，又有教学的性质。因此，太极推手教学应以教育学和体育理论为指导，遵循运动技能的形成规律和人体机能活动变化的规律，符合人体生物力学结构。太极推手教学具有体育教学的共性特点，既有目的、有计划地向学生传授知识和各种技术技能，使学生通过身体反复练习体会与思想意识结合，来掌握太极推手运动技能，又在教学过程中逐步形成自身的教学特点，以便适应本项目的特点和教学阶段与步骤，以及独特的教学方法与手段。

一、太极推手技法运用的原则

（一）技法中的实用性原则

太极推手技法主要以“掤、捋、挤、按、採、挒、肘、靠和进、退、顾、盼、定”太极十三势技法为主，在此基础上进行变化演绎。技术方法应遵循“粘连黏随，不丢不顶，持巧不持力”，突出以“四两拨千斤”的技术方法。它符合太极拳运动原理和省力原理，具有实用性，对太极拳的拳架具有验证性。

（二）符合力学作用的原理

太极推手技法一定要符合运动生物力学，如杠杆原理、力偶原理、圆周运动，体现技巧和省力。

（三）全面发展身体的原则

太极推手运动，是一项运动项目，在其身体素质方面表现得要全面，如力量、协调、柔韧性、耐力、爆发力。

（四）符合竞技对抗性原则

太极推手和散手是武术运动发展的两手，它是两人对抗和斗智斗勇的民族传统体育项目，作为比赛项目时有着突出的对抗性。

（五）符合社会娱乐的原则

太极推手运动伴随太极拳运动的成长而发展起来，太极推手是太极拳流派中一个重要的练功环节，是通向实战环节的必要阶段，通过两人搭手试劲、化劲、截劲、发劲来增强其功力。在推手练习过程中反复体味有一种趣味游戏性，是目前社会传统太极拳拳派和公园太极拳爱好者所喜爱的运动形式，它不是以比赛为目的，而是以娱乐健康为目的。

二、了解太极推手教学的基本特点

太极推手教学的基本特点：（1）武德教育，贯穿始终；（2）动作规范，注重实用；（3）循序渐进，区别对待；（4）双人配合，贵在和谐。

第二节 太极推手教学的阶段和步骤

一、太极推手教学阶段的划分

教学过程是学生在教师的组织和指导下，通过教学活动掌握知识、技术和技能的过程。由于推手的激烈对抗性，决定了推手教学必须从实战出发，使初学者在反复实践中掌握和提高技能。推手教学可分为三个阶段。

（一）初步建型阶段（泛化阶段）

这一阶段的主要任务是使学生对动作有初步的了解，取得感性认识，粗略地掌握动作。对一项新的技术内容，通过教师的示范、讲解等，先形成一个粗略的概念，并在教师的指导下进行练习，初步形成有关动作的表象。

在这一阶段，学生大脑皮质的联系处于泛化阶段，学生尚未完成完整的动力定型，动作表现紧张、不协调，容易出现多余动作。因此，教师在教学过程中不应过多强调动作细节，应抓住动作的主要环节和学生在掌握动作中出现的主要问题进行教学。讲解要简练，示范要正确，要从不同部位、不同方向，让学生看清楚动作的起止路线、动作力点、打击部位等，达到初步掌握动作的目的。

（二）配合运用阶段（分化阶段）

这一阶段的教学主要是使学生巩固正确的动作，提高动作的协调性和质量，并在教师的指导下，通过二人在一定条件的限制下进行配合练习，不断提高对技术动作的运用能力，包括对时机、距离、空间的判断能力、应变能力等，逐步培养进攻、防守和反击的实战意识。在不断的练习过程中，初学者对运动技能的内在规律有了初步的了解，一些不协调和多余的动作也逐渐消除。这时大脑皮质的条件练习由泛化阶段进入了分化阶段，大部分错误动作得到纠正，能比较顺利地、连贯地完成动作，初步建立了正确的动作定型。但定型尚不巩固，遇到新异刺激，多余动作和错误动作可能重新出现。因此，教师在教学中应抓住学生存在的主要问题，反复强调，反复练习。对错误动作的纠正，可采用对照和综合分析的方法，帮助学生体会动作细节，促进分化抑制的进一步发展，使动作日趋准确，并结合技术分析，提高对动作技术的理性认识。

（三）实战提高阶段（巩固和自动化阶段）

通过进一步反复练习，已经建立的条件反射不断巩固，建立了良好的动力定型，大脑皮质的兴奋和抑制在时间和空间上更加集中和准确。此时不仅动作准确、熟练，有较好的协调性、连贯性，而且随着运动机能的巩固和发展，暂时联系达到非常巩固的程度后，动作出现自动化现象。这对于推手技能的提高是非常重要的。

这一阶段主要是通过各种条件实战和实战的形式，进一步提高动作的稳定性和自动化程度，提高动作运用的实效性，以培养学生在各种条件下运用动作的应变能力。在教学中，教师可根据不同的教学意图和目的，有针对性地采用不同的个体配对实战，如按不同的体重级别、不同的技术状况进行配对，使学生尽快熟练技术并不断提高质量。值得注意的是，在动力定型达到一定程度后，仍要继续强化练习，使动力定型更加巩固，否则巩固了的动力定型还会消退。在此过程中，教师应对学生提出更高层次的要求，加深理性认识，对动作要精益求精。

在太极推手教学中，运动技能的形成过程并不是截然分开的，而是逐渐过渡的，各过程的出现和持续时间的长短，受许多因素的影响，既与教学方法、训练水平有关，又与学生学习的积极性和目的性有密切的关系。教师要善于把控学生掌握动作技能形成的不同阶段，选择并采取有针对性的教法和练习手段，促使学生运动技能尽早形成。

二、太极推手教学的步骤

（一）学会动作

学生首先在教师的指导下初步学会动作，对动作的运行路线、发力顺序、击打力点等有一个感性的认识。这时学生的条件反射刚刚建立，尚不巩固，教师在教学中不要过多地强调动作细节，要抓住技术的关键，多运用示范讲解等方法帮助学生对技术动作有一个初步体会。

（二）强化体会技术及用力技巧

在初步掌握动作之后，教师要引导学生认真体会动作要领和用力技巧，消除多余动作，帮助学生不断改进动作细节，尽量避免动作的预兆，使动作做得更加协调、完整和准确，并通过反复练习，不断强调攻防意识，强化条件反射。

（三）配合运用

在初步建立正确的动作定型之后，为了达到进一步强化和巩固的目的，必须有针对性地进行两人配合练习。配合练习，要根据不同的教学阶段和目的提出不同的条件限制，从单个技术到组合技术、从单一战术到组合战术、从单一战术到复合战术的运用，包括用力的大小、速度的快慢等一定要适度，一定要符合对方的能力和水平，循序渐进。任何过高或过低的条件限制都不会达到最佳的教学效果。

（四）条件实战

在对动作有了一定的了解和掌握后，可在一定的条件限制下进行两人的实战练习。条件实战，要根据学生的实际情况和练习的目的选择相应的实战内容。在不同的条件下，培养学生对不同的技术、战术的理解和运用能力，培养对距离、时机、空间的精确感觉和把握能力，培养在推手实战中特有的反应能力和应变能力，进而为完全过渡到实战打下良好的基础。

（五）实　战

最后的一步是实战，实战是技术学习的最高阶段，也只有通过实战才能真正检验动作的质量和教学效果。实战可以不断锤炼对技术动作的把握程度和运用能力。在实战中，教师要引导学生学会自我分析和提高总结的能力，找出自己的不足，不断提高自己的实战技能。

第三节　太极推手教学的方法和手段

一、教学方法

（一）示范教学法

示范是学生通过视觉感知，接受技术的最生动具体的方法，在太极推手教学中尤为重要。它是教师（或指定的学生）以自身完成的动作作为教学的范例，用以指导学生学习的经常采用的方法。通过技术动作的示范，可使学生形象地了解所学动作的结构特征、技术要领和完成技巧等，从而较快地建立动作表象。协调优美的示范还能进一步激发学生学习的乐趣。

运用示范教学法的要求

（1）示范要正确、熟练。教师在做示范时要切实保证动作质量，做到协调、流畅，从动作的路线、发力到身体的配合等都要准确无误。

（2）示范要有针对性。首先要针对学生的实际情况做示范，其次要根据不同学生的教学阶段和目的进行示范。

（3）示范方法要多样。根据学生的实际情况和教学目的要求，灵活选择相应的示范方法，如对于简单的动作和基础较好的学生，可采用完整示范；对于复杂的动作和基础不好的学生，可采用分解示范；为了便于观察，可采用慢动作快示范、快动作慢示范；为了加深对正确与错误动作的认识，可采用两种动作的对比示范等。

（4）示范要有利于学生观察。教师（或指定的学生）的示范应以全体学生都能看得到为原则，灵活选择和运用不同示范位置和示范面。

（5）示范与讲解、启发学生思维相结合。示范常常结合讲解进行。有的先讲解后示范，或先示范后讲解，或边讲解边示范，它们互为补充，相得益彰。

（二）讲解教学法

讲解是太极推手教学中运用语言法的一种主要的也是普遍采用的形式。它主要是指教师通过语言向学生说明教学任务、动作名称和作用，完成动作的要领、方法、要求等。它通过语言指导学生进行学习，掌握动作技术技能，同时也使学生获得有关的太极推手理论知识。

1. 讲解的主要内容

（1）动作名称及规格要求，包括运行路线、发力要点及对身体各部位的要求等。

（2）动作的攻防作用、击打力点和部位及在实战中的运用价值等。

（3）动作的易犯错误。

（4）相关的练习方法等。

2. 讲解法的要求

（1）讲解要简明扼要，要点突出，逻辑性强。语言要生动形象，富有启发性。

（2）讲解应根据不同的教学步骤有所侧重，做到有目的、有针对性地进行讲解。

（3）讲解与示范要有机结合，充分发挥学习者的视觉、听觉等多种感觉的综合功能。

（三）完整教学法

完整教学法是从动作开始到结束，不分部分和段落，完整而连续地进行教学和练习的方法。完整教学法的优点是能保持动作结构的完整性，易于形成动作技术的整体概念和动作间的联系。其缺点是对难度较大的动作不易较快地掌握好动作中较难的环节和要素。一般来说，较简单的、容易掌握的动作和不易分解的动作可采用完整教学法。另外，对于基础较好的学生采用这种方法较多。

运用完整教学法的要求

（1）突出教学重点。进行完整教学时，要做到重点突出，科学地把握好动作的快慢与速率。

（2）适度降低动作质量。学生在初学时往往不易高质量地完成动作，这时可适当降低要求，待他们有了一定的基础后再逐渐提高质量要求，以利于学生早日建立对动作的条件反射。

（3）结合分解练习法。对于复杂的动作常常先进行分解练习，待学生对动作的各个要素比较熟练时，再将它们组合在一起进行完整练习。

（四）分解教学法

分解教学法是从掌握完整动作出发，把完整的动作按其技术结构分成几段或按身体的活动部位分成几部分进行的教学和练习，最后达到完整地掌握动作方法的目的。分解教学法适用于动作较复杂而又可分解，但用完整法又不易掌握的动作或动作的某部分需要较细致地学习时采用。

运用分解教学法的要求

（1）划分动作的段落或部分时要易于连接完成。划分动作要遵从人体的运动规律、动作的结构特征，使得动作易于衔接和连贯。

（2）在进行动作划分时，要对学生讲明各个段落或部分的动作要点，以及它们之间的相互联系。

（3）尽快与完整法结合使用。在太极推手教学中不宜将动作分解得过于破碎或较长时间地进行分解练习。当学生通过分解练习初步掌握动作后，就应尽快向完整动作过渡，否则不利于动作的连贯性。分解教学常与完整教学有机地结合起来使用。

（五）模拟教学法

模拟教学法是根据学生的实际情况，有针对性地模拟实战中所表现的技术、战术状况及场景气氛等，以不断提高学生对技术在实战中的运用能力，并且不断提高心理的承受能力。其主要内容有模拟主动进攻的技术、战术；模拟防守的技术、战术；模拟防守反击的技术、战术；模拟各种不同类型打法的、具体的技术、战术，模拟比赛的场景气氛等；模拟不同身高的运动员。

运用模拟教学法的要求

（1）模拟要有针对性。模拟时要根据教学的目地和动作的要求，有针对性地进行练习。

（2）模拟要逼真。模拟时尽可能与实战情景相一致。

（六）预防和纠正错误动作法

预防和纠正错误动作法是教师为了防止和纠正学生在练习中出现的错误而采用的方法。在太极推手教学中，错误动作的出现是不可避免的。但是，一旦让错误的动作形成动力定型就可能要付出更多的精力去纠正。因此，及时对错误动作进行预防和纠正是至关重要的。

预防和纠正错误，应首先分析产生错误的原因，然后根据错误的主要原因，选用合适的方法予以预防和纠正。

1. 太极推手教学中产生错误的主要原因

（1）对技术的正确概念尚未清楚。

（2）身体素质较差，协调性不好。

（3）学生的心理承受力差。

（4）组织教法不当。

（5）其他原因，如学生在疲劳的情况下进行练习、环境的干扰等都可能导致动作错误的发生。

2. 根据错误产生的原因，采用相适应的方法进行纠正

（1）提高太极推手动作的示范与讲解的质量，使学生较准确地建立正确的动作概念，明确完成动作的顺序、要领的要求，明确动作的关键，建立清晰的动作表象。要善于利用各种诱导性练习、转移性练习和启发性的语言来预防和纠正错误的动作。

（2）根据学生的实际情况，可适当降低对动作的要求，进行一些专项素质练习，选择辅助性的练习手段进行过渡性练习等，如太极推手水平、身体素质、男女等不同实际情况，可降低难度。

（3）进行对抗性练习或难度较大的练习时，学生可能会因有惧怕心理而产生紧张情绪，为此，教师要积极进行诱导，降低对抗的节奏难度，采用各种辅助练习等消除学生的惧怕心理。

（4）根据学生动作技能的形成规律，认真钻研教材教法，合理安排教学过程，同时全面细致地了解学生，并根据错误的性质有针对性地采用切合实际的教法。

（5）合理地安排负荷，避免疲劳的发生。排除环境的干扰，采用暗示、转移等方法集中学生的注意力，提高学生的自控能力，克服不良因素的影响。

二、组织形式

学生在学习动作的初期，技术的运用尚不够熟练，需要在教师的指导下进行反复强化练习，从而逐步形成正确的动力定型和技能的自动化。在太极推手教学中通常采用的组织练习形式有单人练习、双人练习、分组练习、集体练习。

（一）单人练习

单人练习是学生独立进行练习的方法。单人练习时学生可以仔细体会太极推手技术动作的发力要领、动作路线、力点变化等，并可根据学生自身的实践情况有目的地进行练习。在个人练习过程时教师要注意观察，并可以进行个别辅导纠正错误动作以及答疑。

单人练习的优点：能够充分地培养和发挥个人的独立思维能力，积极调动学生的主观能动性；个人能自主地调节运动节奏和负荷强度；有利于个性化的发展进步。

（二）双人练习

双人练习是太极推手教学中最重要的练习形式之一，是教学中通常采用实施的有效方法。采用双人练习时，要在教师或教练员的指导下，结合课的目的、任务有针对性地安排。双人练习要求双方都能积极有效地配合，取长补短，互帮互助，不断提高技战术水平。

双人练习的优点：在其形式上更加符合太极推手实战的特点，包括对时间、距离、空间的判断能力、发放时机等，有利于太极推手运动技能的快速形成，有利于相互帮助、相互学习，有利于各种技战术的形成。

（三）分组练习

分组练习是根据实际情况将学生分成若干个小组进行练习。分组练习可能依靠学生中的骨干或者由组内的学生轮换指挥进行练习。分组练习应鼓励学生在组内对技术动作进行讨论研究分析，互学互教，教学相长，各组也可以相互学习交流，充分发挥学生们的主观能动性。在进行分组练习时，教师或教练员要注意统揽全局，抓住重点和共性，分别进行辅导，督促各组按质量完成任务。

分组练习的优点：能充分发挥技术骨干的作用，对技术较差的学生进行具体的帮助和指导；充分发挥小组长的组织、指挥能力；有利于培养团队精神和互帮互助的良好学风。

（四）集体练习

集体练习是在教师或教练员或小组长领做或以口令提示下的集体统一练习。领做是示范的一种形式，口令之间也可穿插简明扼要的讲解提示，对错误动作要及时提醒和纠正。

集体练习的优点：便于教师或教练员整体观察，了解全貌，抓重点，抓规律，有利于动作技术形成正确的动力定型；在进行集体教学练习时有利于教师根据教学目的灵活掌握练习次数、频率和总运动量。另外，集体练习还有助于培养学生或队员的集体主义精神。

三、练习形式

（一）递招练习

递招练习是由教师或教练员（同伴）根据不同的教学目的，以各种攻防方法为信号，要求练习者做出相应的或练习前已规定的攻防动作的一种方法。递招练习的最大特点是可以使练习者在没有心理压力的情况下完成攻击动作。在太极推手教学的初级阶段或周期性的阶段任务中用于提高练习者的反应速度、动作速度和熟练各种攻防方法。

递招练习是练习者主要以接触身体的方式进行的练习，要求练习者适当控制动作的速度、力度，避免击伤对方。

（二）假设练习

假设练习是假想敌人的练习，要求练习者在练习时有意识地针对某一场景、某一对手、某一招法或者某一战术进行思维、表象的一种练习方法。正如《拳论》所说“无人之处似有人”，处处有临敌的感觉，假想对手就在面前，从感觉信号—运用方法—做出反应攻击目标都要以意识引导动作，检验了太极拳运动的特点之一——“意向运动”。

假设练习要求学生或队员对技战术的概念非常清楚，意识准确，动作到位，时机得当和节奏的调节符合实战特征。

（三）攻防练习

攻防练习一般是两人一组，按照攻防的运动规律有针对性地进行练习。开始可规定只做单招的进攻与防守，逐渐过渡到连招的、随机性的进攻与防守，最后达到灵活运用和随意组合。

攻防练习可有效地提高练习者攻防技术动作的规范性，较快地建立正确的本体感觉，培养攻防意识。由于攻防练习是按照一攻一防有限制地进行练习，所以对消除和预防初学者的害怕心理有利，因而在教学的初级阶段采用较多。尽管是攻防练习，但也应要求在做出防守动作之后必须强调反击意识，可不完整地表现反击动作，这样利于尽快建立防守与反击的条件反射。

（四）模拟练习

模拟练习是模仿实战中的某一技术和战术运用特征和某一对手的打法特点、某一实战场景的气氛等进行有针对性的练习。这种练习在培养战术意识、提高心理素质以及在实战中的应变能力等方面都有较好的练习效果。

模拟练习关键在于模拟，模拟要逼真、形象，动作要准确到位。练习者必须根据实际情况迅速做出相应的技法，把握时机、距离感、空间感知以及动作的速度和力度上要从难从严，从实际出发，保证练习的质量。

（五）坐桩练习

坐桩练习是太极推手教学中常用的练习方法之一，也就是3～5人或者每个级别为一组，轮流坐桩进行某个技术、战术或者条件性实战、实战的练习，主要培养学生或队员技战术、实战能力、体能等全面综合能力。

一人坐桩与参与者每人推一次，或者规定时间，如2分钟，换人进行下一个，直至最后一个。再换下一人坐桩，第一人参与陪练，直至最后一人坐桩完成练习，方为结束。坐桩练习对学生或队员体能要求较高。

（六）条件实战

条件实战是在一定条件限制的情况下进行的实战对抗练习，如近身技术、贴身技术、步法与手法结合等实战练习。条件实战是为了提高学生某一特定的技战术的运用能力而采用的一种练习方法，有很强的针对性，也是太极推手实战的初级阶段和在训练的调整期常用的方法。这种方法可使练习者在较低或没有心理压力的状态下进行实战，以便更能集中精力、专一提高某一或者几个技战术，快速形成特定的条件反射。

条件实战对双方练习者的技战术都有严格的要求，练习时务必严格按照规定进行，注意相互理解、相互帮助、相互交流技艺和心得。

（七）实　战

实战是两人按照一定的规则进行的对抗练习，它是检验和提高技术、战术的重要方法，也是总结积累实战经验的有效措施。

实战练习课参照目前太极推手竞赛规则，也可以根据具体情况附加一些新的要求。实战练习时如有裁判员的判罚裁决，更能增加实战的激烈程度和技战术运用的有效性。实战练习几乎等同于实实在在的比赛，既要求练习者百分之一百地投入，每一个动作的攻防、每个战术的运用都要全力以赴，力争打好每次比赛，又要排除斤斤计较胜负的心态干扰，敢于大胆地使用技术和战术，从成功与失败中不断总结经验。

第四节　太极推手课的任务与结构

一、教学课的任务

教学课的任务是由本课程的教学进度所决定的。教学课的任务提出要符合体育教学的一般规律和太极推手技能形成的特点，要针对学生的基础和能力，切合实际、可行。如果任务要求过高，学生因不易掌握而失去信心；如果任务要求过低，则不能激发学生的学习积极性，达不到应有的教学效果。

二、教学课的结构

教学课的结构是指组成一堂课的几个部分以及各部分的教学内容、组织教法、时间与量的安排等。根据人体机能活动变化的规律，一堂太极推手课一般可分为准备部分、基本部分、结束部分，各个部分都有各自的主要任务、内容、组织教法与形式。

（一）准备部分

准备部分的开始一般是点名、检查学生的身体与服装情况、宣布本课程的教学任务和要求等。

准备活动的内容一般分为一般性准备活动和专门性准备活动。一般性准备活动通常为慢跑练习、徒手操练习及活动量较小的一般性游戏练习，使全身各主要器官、肌肉、关节、韧带等部位得到充分活动；专门性准备活动主要采用与基本部分内容相似的练习，或者安排一字儿推手中起到基础性作用的基本功、基本动作进行练习，使身体各肌肉群、关节、韧带、器官以及各主要系统的机能做好充分准备。

准备活动的组织方法，一般采用集体练习的形式，可分排、分组、个人分散进行练习。队列队形可根据具体情况采取灵活变化。活动内容应由静到动，由小而大，由简单到复杂，由局部到全部，使身体逐渐适应的过程。准备活动的时间一般占全课的10% ~20% 。

（二）基本部分

基本部分是整个教学课的重点，也是能否完成教学任务的关键。其安排的时间一般占全课的60% ~80% 。

基本部分的内容要考虑安排顺序问题，一般来说，重点的教学和复习内容应安排在身体充分活动之后，身体机能正处于最佳状态时进行。学生此时精力集中，体力充沛，能确保达到最佳的教学效果。为了保证练习的数量和运动负荷，采用的练习形式是至关重要的。例如，集体练习，可以增加练习次数；分排练习，既可保证适宜的运动负荷，又能相互观摩学习。基本部分的组织教法，要以充分发挥教师的主导作用为主，注重调动学生的积极性，注重培养学生的组织能力、分析问题和解决问题的能力，做到教学相长、取长补短。

（三）结束部分

结束部分是有组织地结束教学活动，使学生逐渐恢复到相对安静状态的过程。

结束部分的内容可根据本课的性质选择一些逐步降低运动负荷的练习，如入手放松操、调息放松功、站桩、静坐冥想、比较缓和的游戏，拍打经络肢体的整理活动等。教师要进行总结和讲评本课的教学任务完成情况以及学生掌握技术、优缺点及注意事项等。

三、教案示例

课程名称	太极推手	课程类型	任选
授课题目	太极推手基本技术、定式推手	授课形式	实践
授课时间	2014 年 3 月 26 日星期三　第 1 ~ 2 节	周次/课次	第 5 周/第 5 次
教学目标	复习站桩、单推手，巩固并掌握技术要领 复习四正手，提高基本技术 学习定式推手		
重点、难点	重点：四正手技术 难点：四正手的变招和劲的粘连黏随，不丢不顶		
教学过程设计（内容安排与要求、组织形式、时间分配）			

续表

课的部分	时间	内容	组织教法	负荷（量、强度）
准备部分	15分钟	1. 集合整队 2. 宣布本次课教学任务 （1）课堂常规：点名、师生问好 （2）本次课的任务与目标 3. 准备活动 （1）关节操 头部运动 肩部运动 胸部运动 腰部运动 髋关节运动 膝关节运动 踝关节运动 指趾关节运动 （2）徒手单、双推手 单平圆 单立圆 单折叠 单缠绕 双缠绕 活步四正手 大捋	→× △ 要求：快、静、齐 ×× ×× ×× ×× △ ×× ×× ×× ×× ×× ×× 要求：使身体尽快进入工作状态 集体原地练习为主 × × × × × × × × × × × × × × △ × × × × × × × × × × × × × × 要求：动作规范，劲力顺达；以技术学习为主，突出捋、靠，劲的粘随，步法的封套	2分钟 3分钟 2×8拍 2×8拍 2×8拍 2×8拍 2×8拍 2×8拍 2×8拍 2×8拍 强度小 2次 2次 2次 2次 2次 强度小

续表

课的部分	时间	内容	组织教法	负荷（量、强度）
基本部分	70分钟	1. 太极推手基本技术对练 单推手功力练法 2. 复习单双缠手 （1）单缠手：单手云手 要领：下挂、上挑、滚压，配合重心的移换 （2）双手缠绕 交叉缠绕手 要领：前后站姿，左拨右砍，紧封中门，封砍中线 云手缠绕手 要领：平行站立，上挂下挑，左右兼顾，重心配合 3. 复习四正手 要领：搭手为捧，后坐捋；前弓挤，后坐按。重心一前一后 四正手变化的摔法与採拿法： 上步切按，后捋掤撑 顺步四正手：双方脚左或右在前 4. 定式推手 如封四闭：化劲、截劲、发劲 四正手（掤捋挤按） 双方盘手，互换引带，粘连黏随 穿梭、採按、捋挤 5. 游戏推手 （1）并步推掌 （2）平行步推掌 （3）单腿推掌 （4）松随功	×× ×× ×× ×× ×× ×× ×× ×× △ ×× ×× ×× ×× ×× ×× 要求：两人一组配合练习，尊重对手，相互学习 教法：讲解示范 集体练习 纠正动作错误 分组练习 师生互动 ← × × × × × × × △ × × × × × × × → 要求：先掌握技术，再求熟练；先配合再找劲 × × × × × × × △ × × × × × × × 要求：以牵动对方重心，移动任意一脚为输 松随粘连不丢顶	20 分钟 强度小 20 分钟 强度小 20 分钟

续表

课的部分	时间	内容	组织教法	负荷（量、强度）
结束部分	5分钟	1. 放松练习 拍打操、调息放松功 2. 讲评 3. 课毕	× × × × × × × × × × × × × × △ 要求：课后练习四正手 游戏规则、推手规则、项目特点	3分钟 2分钟
场地和器材	训练场地			
课后小结				

第六章 太极推手身体素质训练

第一节 一般身体素质训练

一、力量素质训练

素质训练是竞技太极推手运动员的基本素质保障之一。力量素质是掌握太极推手技术、提高运动成绩的基础。因此，力量素质是太极推手运动员身体水平的重要指标之一。

在力量训练中，应该区分“力量”与“劲”的不同。力量是指在相对较慢的速度状态下，人体所能克服最大阻力的能力。而“劲”是运用力量的一种能力，是通过系统的练习而获得的一种用力的技巧。在武术运动中它有轻重、虚实、快慢、动静、刚柔等不同变化形式。

在身体素质训练过程中，既要注意抓住力量这个基础，又要注意结合竞技推手运动的特点，按其需要发展力量素质，尤其注意爆发力，即传统太极拳中讲的弹抖劲的练习。

（一）负重抗阻力练习

一般运用杠铃、壶铃、哑铃进行负重抗阻力练习。一般负重量为自身体重的三分之一，但视运动水平不同而有所增减（下面以杠铃为例）。

1. 杠铃屈臂

两脚左右开立；两手反握杠铃，提杠铃至腹前，以肘关节为轴向上做屈臂，杠铃至胸前；然后做伸臂下落至体前。如此反复练习。

2. 平推杠铃

两脚左右开立；两手正握杠铃，提杠铃屈臂至胸前；两臂伸展，两手向胸前平推；然后屈肘，两手快速收至胸前。如此反复练习。

3. 卧推杠铃

运动员仰卧在长凳上，两手正握杠铃，两臂屈肘，提杠铃至胸前，两手用力上推。如此反复练习。

4. 深蹲杠铃

两脚左、右开立，约与肩宽，将杠铃横放在肩上，两手屈肘正握，两腿屈膝下蹲，大腿和小腿相接触，上体保持正直，接着两腿伸直，身体直立。如此反复练习。

（二）克服自身体重的练习

1. 俯卧撑

身体俯卧，两臂支撑，两手掌按平，两臂屈肘向下，然后用力伸臂。如此反复练习。

2. “推小车”

两人一组。一人俯卧，两臂支撑；一人帮助将两腿抬起，两手抓住俯卧者脚腕，俯卧者向前爬行。

3. 仰卧两头起

身体仰卧，处于水平，以臀部为支点，两腿伸直上举；同时上肢向伸腿方向举起，两手迎击脚面。然后还原。

4. 俯卧体后屈

身体俯卧，处于水平，两手交叉背于腰间，头、脚同时向上抬起，使腰部肌肉拉紧，然后放松还原。如此反复练习。

5. 壁虎功

身体俯卧，左手、右腿在前，右手、左腿在后，左手与右腿、右手与左腿配合，模仿壁虎爬行。要求两臂屈肘，身体紧贴地面，主要练习运动员的协调、上肢力量。

（三）对抗性练习

对抗性练习，可提高练习者的兴趣。如两人相互推（如折叠掤按、进步双按）、插掤练习、粘连黏随练习等。这种练习是依靠对抗的双方以短暂的静力作用发展专项力量素质。

1. 折叠掤按练习

两人一组，前后站立成弓步，练习方两手臂在对方之下，手心向上；配合方两手臂在上，手心向下，按扶于练习者手肘部；练习者自下向上旋臂翻转掤再向前下方按，这样两人反复练习，身体重心要前后移动配合。它主要练习双方的掤劲和手臂粘揉劲。

2. 推人练习

两人一组，相互配合，两人成左弓步，配合学生两手心向上、含胸拔背，掤于腹前；练习者按于对方上臂处，向前推人，要求下肢蹬腿发劲，按在腰背；配合方适当用力掤住对手，给对方一定阻力。随着前推，下肢的步法可以交换，整个动作在行进间完成。

3. 插掤练习

两人一组，相互配合，双方两手臂一内一外，练习方主动向前插掤，边走边旋，有前后左右的劲，步法可以前后左右移动交换，主要练习手臂的粘劲和腰腿劲。

4. 贴身随劲练习

两人一组相互配合，双方贴身，两脚成前后步站立。配合方可以做动作，练习方听劲判断对方力点、方向，随着对方走劲，主要练习听化随劲，粘连黏随，不丢不顶。

力量训练之后，要特别注意使肌肉放松，有意培养运动员肌肉放松方法的掌握。

二、速度素质训练

速度素质是指人体快速运动的能力。

（一）速度素质训练的基本要求

1. 速度素质训练应结合运动员的专项进行。
2. 速度素质训练应在运动员兴奋性高、情绪饱满、运动欲望强的情况下进行。
3. 速度素质训练是以大强度无氧代谢为主的活动，需以有氧代谢训练为基础。

（二）反应速度训练

反应速度受遗传因素影响很大，训练在很大程度上是使运动员遗传潜在的反应速度表现和稳定下来。通过训练，最高的反应速度次数出现得多，就说明反应速度稳定性好。如果在实战中的一个反击动作，通过多次的重复练习，使其动作速度、力量、协调时间，都达到了相当高的程度，证明加快了反应速度。

1. 对抢攻反应速度的练习

在推手训练中，教练员规定好练习的动作，双方搭手，教练员喊开始，运动员应尽快做出进攻反应。

2. 对动作的反应练习

在推手训练中，教练员规定 3 个以上动作（如进步双推、进步採、进步搂等），当教练员发出开始信号时，运动员应及时、快速做出反应。这样反复练习，能使运动员提高分析动作的速度，提高反应速度。

3. 跑的干预速度练习

跑的干预速度练习有高抬腿跑、小步跑、后蹬跑、短距离跑等。

总之，反应速度的练习是复杂多变的。要有目的地发展多方位、专门训练，为推手比赛奠定基础。推手比赛，攻防激烈，瞬息万变。对于反应速度有着很高的要求。而且它与技术、战术训练密不可分。因此，最有效的方法是实战或参加比赛。对抗双方只有在实战中，特别是在比赛中，才可能验证使用的动作是否正确、有效。

三、耐力素质训练

耐力素质是指身体长时间工作后抗疲劳的能力。

太极推手运动对于耐力素质的要求是较全面的，运动员参加推手比赛，必须具备有坚持到比赛最后的充沛体力，保证在其比赛中正常地发挥和有效地运用技术、战术及速度耐力。同时，他还必须具备在长时间激烈对抗中有战胜和防御对手的能力，即力量耐力。故此，应把耐力素质的练习安排在经常性的训练中去，并占有一定的比重。

（一）有氧耐力训练

有氧耐力训练主要采用强度小、负荷时间长的各种练习。

1. 匀速跑

匀速跑心率控制在每分钟 150 次左右，负荷时间可保持在 30 分钟以上。

2. 越野跑

越野跑距离 10 千米，负荷强度和时间基本同匀速跑。

3. 循环练习

教练员可事先编好几组动作，限制时间、规定组数，做不间断的反复练习。

（二）无氧耐力训练

无氧耐力训练主要采用负荷时间短、练习密度大、间歇时间短的方法。

为发展运动员的无氧耐力，除采用如 60 ~ 80 米间歇跑、100 ~ 400 米变速跑等练习和密度大、间歇时间短的中、短距离跑以外，应更多地同推手专项技术练习结合起来。

1. 进步双按

锻炼技术动作应连续快速做。多方位进步按 3 分钟，间歇 1 分钟，做 3 ~ 5 组；

左、右採按2分钟，间歇30秒，连续做3~5组；进步採按和撤步採按结合练习，3~5分钟想象练习，间歇2~3分钟，做3~5组。

2. 推　人

进行每组计时推人练习，一般3~6分钟，练习3组，每组间歇时间1~3分钟。要求以最快速度完成，全力以赴。

3. 坐　桩

采用实战或条件性实战。由一个人坐桩，连续推3~5局，每推一局换一个同伴与其对阵。

四、柔韧素质训练

柔韧素质是指跨过关节的肌肉、肌腱、韧带等软组织的伸展能力，即指关节活动幅度的大小。

（一）压　肩

面对肋木或一定高度的物体站立，两脚左右分开，与肩同宽。两手提肋木，上体前俯挺胸、塌腰、收髋、做下振压肩动作，力点集中肩部，力量由小到大，然后逐渐过渡到由同伴或教练员帮助做扳压练习。

（二）压　腿

压腿有正压腿、侧压腿、后压腿、仆步压腿。正压腿、侧压腿参看基础功法练习。

1. 后压腿

背对肋木和一定高度的物体，并步站立，两手叉腰。右腿支撑，左腿举起，脚背放在肋木上，脚面绷直，上体后屈并做振压动作。练习时，可两腿交替进行。

2. 仆步压腿

两脚左右开步站立。右腿屈膝全蹲，全脚着地，左腿伸直，脚尖内扣；然后两手分别抓握两脚外侧，成左仆步，接着右腿伸直，重心左移，左腿屈膝全蹲，转成右仆步。练习时，可两腿交替进行。

（三）劈　腿

劈腿主要是加大髋关节的活动幅度，增进腿部的柔韧性。劈腿练习可结合压腿和扳腿进行。

1. 竖　叉

两手左右扶地或两臂侧平举，左腿在前，右腿在后，分开成直线，左腿后侧着地，脚尖勾起，右腿内侧或前侧着地。练习时，左右腿可交替进行。

动作要领：挺胸、立腰、沉髋、挺膝。

2. 横　叉

两手在体前扶地，两腿左右分开成直线，脚内侧或脚跟着地。

动作要领：挺胸、立腰、沉髋、挺膝。

第二节　推手辅助功法训练

太极拳的力量要求是如棉裹铁，用哑铃肯定是达不到这种效果的。但是哑铃可以练你的绝对力量，练完后记得放松肌肉即可。太极推手还有几种力量练习法。

1. 抖大杆。淘宝上可购买大杆，但是要有师傅教，否则容易出内伤。而且太极桩练到一定程度，需要身体浑然一体，劲整了以后才可以练。

2. 揉石球。取适度大小石球，按在墙上，以刚刚能不掉下去的重量为适宜，然后以手按住它在墙上滚动，练习力量感应和如棉裹铁的力，没有石球可以用水泥球或者篮球装沙子代替，这个随时可练。

太极推手辅助功法的训练也就是练习功法的方法训练，是推手运动的一种训练方法，它是融力量、速度、耐力、柔韧等身体素质为一体，以提高对抗中的击技能力为主要目的的训练手段。我国传统的武术练习，各拳种流派在功力训练方面为我们提供了大量的素材，这里我们仅以参加比赛使用的力为目的，结合推手技术训练，介绍一些功力训练的方法。

一、推沙包

推沙包对提高运动员的臂劲、腰劲、腿劲有非常显著的效果，可采用掤按和折叠掤按的方法练习。

二、太极扎杆

太极扎杆也称沾粘杆，或叫十三势杆。有十三势字诀：开、合、崩、劈、点、扎、拔、撩、缠、带、滑、戴、戳。

太极扎杆分单人、双人两种。功至深造时，杆技如手，周身之劲可直达杆头，犹如水银装于管中，发可至首，收可至尾。

杆的练习方法分为单人扎杆法、双人平圆沾粘扎杆法、双人立圆沾粘扎杆法及双人动步刺心、刺腿、刺肩、刺喉四杆法等数种。杆，又称白蜡杆，性韧而坚实，不易断裂。杆采用 4 米多长、尾部较粗的白蜡杆制成。这里介绍一种单人扎杆法。

（一）起　势

左脚向前，两脚前后分开站立，如弓似马；右手持杆尾部，左手持杆中后部。周身放松，虚领顶劲，气沉丹田。

动作要领：前后开步适中，马步要稳，前手虎口正对杆，后手不留把。

练习目的：抖杆前准备，气定神敛，排除杂念，准备练功。

（二）开势（即掤）

右手沉腕微下拉，左手向杆中部滑，杆头向上、向左划以弧，身体重心后移微右转。目视杆梢，即为开势。

动作要领：下拉要沉腕、含胸、收腹，气沉丹田，劲达杆头。

练习目的：主要锻炼两手的握力、沉腕能力。

（三）合势（即逼）

两手向内合劲，转腰，松左胯，杆头向左、向上、向右划弧，与开势相反，重心分于两腿。目视杆梢，即为合势。

动作要领：后把要旋臂旋腕，加强前臂的灵活性和握力。前后作为支点要活。

练习目的：前后手的配合、手与腰的配合，主要以增强手臂握力为目的。

（四）发势（即扎或刺）

接上势，身体左转，右腿后蹬，左腿屈膝前弓，右手虎口向前，左手不动，杆在左手掌中向前滑出（即右手向前发力，左手只托杆），杆头向前方刺出。目视杆梢，即发势。

动作要领：扎杆的整个过程要注意头上顶，立身中正，含胸拔背，沉肩坠肘，敛臀收腹，全用腰腿劲，由脚而腿而腰而脊而两手，劲达杆梢。

练习目的：劲力的传递，劲由脚下起，转换于腰裆，行于背，通于臂，达于梢。

（五）单手拧杆

动作一：左脚在前，右脚在后，成四六马步。

动作二：左手持杆后端，自然握杆。

动作三：向左上而下，再向内、向右而向上，甩至肩前上方。目视前上方。

左右手和左右脚可交换练习，各 5 个 1 组为宜。

动作要领：顺劲上甩，快起慢落，百会虚领，含胸拔背，提肛收腹。动作走弧线。

练习目的：练习单臂力量，尤其是手腕部关节。

（六）双手拧杆

动作一：左脚在前，右脚在后，成四六马步，目视前方。

动作二：左手前，右手后，两手环握，举至左肩前，杆梢向下触地。目视前方。

动作三：向左上而下，再向内、向右而向上，甩至肩前上方。目视前上方。

左右手和左右脚可交换练习，各10个1组为宜。

动作要领：顺劲上甩，快起慢落；百会虚领，含胸拔背，提肛收腹，气沉丹田；动作走弧线。

练习目的：以上肢手臂力量为主，注重手指握力和腕部的锻炼。

（七）左右横拨杆

动作一：左脚在前，右脚在后，成四六马步，目视前方。

动作二：左手前，右手后，两手距离稍比肩宽；杆梢由左向右横击，还原成预备式。目视杆梢。

动作可反复练习，左右手脚可交换练习。

动作要领：横击杆腰要左右带动，落点要劲达杆梢；百会上领，含胸拔背，收腹敛臀，脚趾抓地。

练习目的：以腰部练习为主，腰胯左右转化弹抖。

第七章 太极推手竞赛组织与裁判

第一节 竞赛的组织

竞赛的组织工作主要有制定竞赛规程、成立大会竞赛组织、落实各项竞赛事宜、组织裁判队伍等。

一、制定竞赛规程

竞赛是整个竞赛工作的依据，是对竞赛组织者和参与者的指导性文件。它是在竞赛前由主办单位依据竞赛的目的和任务制定的。规程的主要内容要全面、规范、文字精简，要便于理解和执行，并根据比赛时间提前发至有关单位以及相关人员。

竞赛规程一般包括以下内容：竞赛名称，主办单位和承办单位，竞赛时间和地点，参加单位和参加办法，竞赛的性质和办法，竞赛项目，录取名次和奖励办法，报名和报到时间，裁判员和仲裁委员会选派的方式等。根据竞赛规模主办单位可以增减内容。

二、成立组织机构

由主办单位、承办单位、参赛单位、总裁判长、仲裁委员会等有关人员组成大会组织委员会，并组织领导大会的各项工作。

组委会设主任委员 1 人，副主任委员若干人，委员若干人。组委会下设办公室（或秘书处）、竞赛处、后勤处、宣传处等部门。可以根据比赛规模制定增设机构。并规定各部门的职责范围，由组委会进行监督检查。

竞赛处的工作，主要负责裁判员的学习，竞赛的编排，检查场地和器材的准备情况，安排赛前训练，编排秩序册和成绩册等。竞赛处下设裁判组、仲裁委员会、场地组、医务组。

第二节　竞赛的编排与记录

竞赛的编排和记录工作进行得是否合理、准确，直接关系到运动员的技术水平的发挥以及比赛的顺利进行。

一、竞赛编排原则

（一）将参赛队伍的总数和各个级别参加比赛的人数列入竞赛的总场次中。

（二）每场比赛以安排 15～20 对为宜，可根据比赛的人数调整。

（三）一般每天比赛进行两场，分别在上午和晚上进行。若 1 天有 3 个场次比赛时，注意 1 名运动员最多安排 2 个单元的比赛，照顾到运动员的体力恢复。

（四）同一场次比赛中应安排不同级别的选手比赛，一般先由体重轻的级别开始。另外，尽量将同一单位、同一级别的运动员分开，避免在第一轮比赛中相遇。

二、竞赛编排的形式

太极推手的竞赛编排，一般采取单循环赛、单败淘汰赛、双败淘汰赛形式。

（一）单循环赛

参加比赛的各方相互之间都直接比赛一次，即为单循环赛。

（二）单败淘汰赛

单败淘汰赛是将所有参赛选手编成一定的比赛秩序，由相邻的两名进行比赛（轮次表），直至淘汰到最后一名选手，这个选手就是这次淘汰赛的冠军。

（三）双败淘汰赛

运动员编排的比赛秩序进行比赛，失败两场即被淘汰，最后失败一场的为亚军，不败者为冠军，这种比赛形式称为双败淘汰赛。

三、竞赛编排步骤

（一）审查报名表

发现报名表与竞赛规程不符时，应及时同有关单位联系解决。

（二）绘制竞赛日程表

根据比赛的天数、场次安排各级别的比赛。

（三）绘制比赛轮次表

根据竞赛规程规定的竞赛办法和该级别参加的人数，并标明运动员序号、比赛的时间、比赛的轮次以及轮空的序号。

（四）抽　签

1. 抽签的办法

抽签是编排的重要根据。抽签时应有总裁判长或副总裁判长 1 人，仲裁委员会 1 人，竞赛处 1 人，编排记录组全体人员参加。具体抽签办法是：教练员或领队，根据本队所报项目（级别与人数），相应地为本队队员抽取编号顺序，编排到记录组负责人程序表中。

2. 抽签注意事项

（1）抽签的时间、地点由竞赛处先通知有关单位。抽签后，如无特殊情况，不进行第二次抽签。

（2）将抽签的运动员名单编入竞赛程序中，中途不得更改。

（3）抽签应先由体重轻的级别开始。

（4）如规程不允许，同一单位同一级别的运动员，在第一轮比赛中相碰时，可以重新抽签。

3. 抽签序列

太极推手竞赛轮次、场次、顺序的确定，根据竞赛办法和该级别参赛人数（用字母 n 表示）来计算。

（1）单循环制。当参赛人数 n 为偶数时，轮数为 $n-1$，当 n 为奇数时，轮数为 n，场次 $=n(n-1)/2$，比赛顺序以 1 号固定不动的“逆时针轮转”来确定。

（2）单败淘汰制。轮次号码为位置数的 2 的指数，如 8 个号码未知数就是 2，为 3 轮。轮空数 = 号码位置数 − 参赛人数，场次 = 人数 − 1。

（3）双败淘汰制。胜方轮次数同单败淘汰制，负方轮次数 $=2\times(x-2)$（x 为号码位置数的指数），总轮数 = 号码位置数 − 运动员数。轮空位置应均匀地分布在各个区内，由大至小顺序排列。如 15 号无人参赛，则与 1 号位置相对的 16 号无人参赛，1 号（若安排种子运动员，则为 1 号种子队员位置）优先轮空。依次类推。

4. 记　录

这里所指的记录工作，是大会编排记录的工作，主要负责以下工作。

（1）比赛前将临场计分表、成绩记录表、各场次比赛顺序表，送交裁判组及有关部门，设立成绩公告栏，及时通告竞赛情况。

（2）负责记录比赛过程中发生的问题，以备总结工作和日后查询。

第三节　竞赛裁判

正规的全国太极推手比赛，在赛前2个小时内，运动员到指定地点由检录组负责称量体重，裁判组、编排记录组派人协助工作，在1小时内完成。

在每局赛前5秒钟，计时员鸣哨通告准备。以鸣锣宣告每局比赛结束。每局开始比赛前，由场上主裁判员对参赛运动员进行安全检查，并用口令和手势指挥比赛的进行并判定比赛的得分。场上副裁判则用小旗子配合主裁判员进行判决。主裁判员在场上判决时，口令和手势应同时使用，并在场上随时保持与运动员的良好站位和视角，副裁判员始终与主裁判员保持对角移动，弥补主裁判看不到的地方，出现问题时，用旗语提示主裁判看到。

竞赛规则中，对裁判员和运动员还有具体的要求和规定（详见《武术太极推手竞赛规则》）。

一、太极推手裁判法

（一）游戏推手竞赛规则

游戏推手目的：锻炼学生身体的反应能力和平衡能力，培养爱好者学习太极推手的兴趣。

1. 双推手

具体方法：双方两脚自然开立与肩同宽，两臂伸直与肩同高，双方立掌，两掌相对，刚好接触。双方只能相互推对方手掌，不可脱手推击对方身体。

评判标准：以两脚任何一脚有移动，为牵动方，对方得1分。先得3分者为胜方。

组织形式：个人比赛、团体比赛。

按性别分组：男、女组。

场地：平坦草地或软地。

2. 单脚单手推手

具体方法：右脚和右手，或左脚和左手，双方右手搭右手，掌心相对，保持臂距离，手臂微弯曲。双方只能用“推”，不可故意回收。

技术方法：“推”字诀，只能用手推对方的手，不能抓握对方的手掌，不可推击对方的躯干。

评判方法：脚先落地者为输方。

3. 单脚双手推手

方法同上，换成单脚支撑，双掌进行推手，脚先落地者为输方。

4. 单手摇手推手

两脚开步约3脚长，双方右手握右手，双方运用推、拉、拽等技术方法，任何一脚移动或离地或倒地，即为输方。

（二）定步太极推手竞赛简介

定步推手的目的：运用太极推手的“掤、捋、挤、按”技术进行比赛，在四正手技术中寻找破坏对手的平衡，在技术上体现太极推手特色，目的是检查练习者腰部的松活，重心的稳定性，也就是下盘的桩功。

具体方法：第一局出右脚，搭右手。在裁判喊“开始”口令时，双方方可进攻，只能攻击对方的手臂，被牵动，任何一脚出线，对方得1分；净推1分钟，之后换左脚在前，搭左手，再进行比赛。再推1分钟。两局累计得分多者为胜方。

场地：场地为3个60厘米的圆圈，或者简易的方块。

（三）定式推手竞赛简介

定式推手的目的主要是运用太极拳某一式动作进行比赛，如“如封似闭”，主要训练强化某一个典型技术动作，理念就是把某一个典型动作挑选出来进行比赛。下肢不能移动，主要锻炼下肢的稳定性以及腰部的灵活性。

（四）太极拳推手竞赛简介

太极推手作为一项竞技对抗项目，是两人在一定规则下进行斗志较技具有民族特色的体育项目，在“粘连黏随，持巧不恃力”的原则下，运用太极八法等技术，“得机得势，引进落空合即出，牵动四两拨千斤”战术思想，破坏对手的重心，使其被牵动跌出而得分，以此判分输赢。它具有激烈的竞技性，运动强度较大，是运动员综合能力的体现，是人体自身潜能的开发。

附新规则

第一章　太极拳推手比赛规则

第一条　竞赛性质

团体比赛、个人比赛。

第二条　竞赛办法

一、循环赛、单败淘汰赛或双败淘汰赛。

二、每场比赛采用两局积分制，每局净推 2 分钟。

第三条　参赛年龄与资格审查

一、成年运动员的参赛年龄在 18 ~ 45 周岁，青少年运动员的参赛年龄在 15 ~ 18 周岁。

二、参赛运动员必须携带《运动员注册证》。

三、运动员必须持有参加比赛的人身保险证明。

四、运动员必须出示自报道之日起 15 天内县级以上医院出具的包括脑电图、心电图、血压、脉搏等指标在内的体格检查证明。

第四条　体重分级

一、48 公斤级（≤48kg）

二、52 公斤级（>48kg ~ ≤52kg）

三、56 公斤级（>52kg ~ ≤56kg）

四、60 公斤级（>56kg ~ ≤60kg）

五、65 公斤级（>60kg ~ ≤65kg）

六、70 公斤级（>65kg ~ ≤70kg）

七、75 公斤级（>70kg ~ ≤75kg）

八、80 公斤级（ >75kg ~ ≤80kg）

九、85 公斤级（ >80kg ~ ≤85kg）

十、85 公斤级（ >85kg）

第五条　称量体重

一、称量体重在抽签前进行。

二、运动员经资格审查合格后方可参加称量体重，并且必须携带《运动员注册证》。

三、必须在仲裁委员的监督下称量体重，由检录长负责，编排记录员配合完成。

四、运动员必须按照大会规定的时间到指定地点称量体重。称量体重时裸体或只穿短裤（女子运动员可穿紧身衣）。

五、称量体重从比赛设定的最小级别开始，每个级别在 30 分钟内称完。如体重不符，在规定的称量时间内达不到报名级别时，则不准参加后面所有场次的比赛。

第六条　抽签

一、称量体重后开始抽签。抽签由小级别开始，如本级别只有一人，则不能参加比赛。

二、抽签由编排记录组负责，有仲裁委员会成员、总裁判组成员及参赛队的教练员或领队参加。

三、由各队教练员或领队为本队运动员抽签。

第七条　服装

运动员必须穿着太极推手比赛服装。

第八条　竞赛中礼节

一、裁判员入场，站在场地中点后方，面向裁判长席。介绍裁判员时，裁判员应该成立正姿势向观众行抱拳礼。

二、运动员入场后，站在裁判员两侧，面向裁判长。介绍运动员时，运动员应成立正姿势向观众行抱拳礼。

三、比赛开始前，运动员互相行抱拳礼，再与场上裁判员互行抱拳礼。

四、宣布比赛结果时，运动员交换站位。宣布结果后，运动员须先向裁判员行抱拳礼，再相互行抱拳礼，然后再向对方教练员行抱拳礼，方可退场。

第九条　竞赛中的有关规定

一、运动员必须遵守比赛规则，尊重和服从裁判。

二、教练员和本队医生应坐在制定位置，比赛时不得在场下呼喊或暗示指导。

三、比赛时运动员不得要求暂停，遇有特殊情况，需向场上主裁判员举手示意。

四、严禁运动员留长指甲、戴腕表和易伤及对方的物品上场比赛。

五、严禁运动员使用兴奋剂。

第十条　弃权

一、比赛期间，运动员因伤病不宜参加比赛时，须有大会医生证明，作弃权论。

二、三次检录未到，或检录后自行离开者作弃权论。

三、比赛中，运动员可举手要求弃权，教练员也可向场上裁判员举旗要求弃权，运动员中止比赛，作弃权论。

四、运动员无故弃权，取消本人全部成绩。

第二章　裁判员及其职责

第十一条　裁判职员组成

一、总裁判长 1 人，副总裁判长 1 ~2 人。

二、裁判组：裁判长、副裁判长、记录员、示分员、计时员各 1 人，场上主裁判员 1 人，场上边裁判员 1 人。

三、编排记录组：编排记录长 1 人，编排记录员 2 ~3 人。

四、检录组：检录长 1 人，检录员 2 ~3 人。

五、宣告员 1 ~2 人。

六、医务人员 2 ~3 人。

第十二条　裁判人员的职责

一、总裁判长

（一）组织裁判人员学习竞赛规则、规程，讲解裁判法。

（二）赛前组织裁判长检查落实场地、器材和有关裁判用具。

（三）负责裁判的分工。

（四）根据竞赛规程和规则的精神，解决竞赛中的有关题目，但无权修改竞赛规则和规程。

（五）比赛中指导裁判组的工作，有权调动裁判员的工作。在裁判工作有争议时，有权作出最后的决定。

（六）审核、签署和宣布比赛成绩。

二、副总裁判长

协助总裁判长工作，总裁判长缺席时，可代行其职责。

三、裁判长

（一）组织裁判组的业务学习，落实有关事宜。

（二）检查比赛用具，审核签署记分表。

（三）比赛中，裁判员有明显错判、漏判时，应提示改正。

（四）比赛中，对裁判员的工作进行监督，发现问题时，有权建议总裁判长对违规裁判员进行处理。

四、主裁判员

（一）对运动员进行安全检查，如发现有与规则不符者，应及时纠正。

（二）用口令和手势判定比赛中的得分。

（三）宣布每场比赛结果。

五、边裁判员

协助主裁判员工作，如有错判或漏判时，应及时用旗势和手势向主裁判员示意。

六、记录员

（一）根据主裁判员的评判手势，准确地记录双方运动员的得分、罚分、犯规等事宜。

（二）一方判罚达 6 分，应及时报告裁判长停止比赛。

（三）比赛结束后，及时将比赛结果报告裁判长。

七、示分员

根据场上主裁判员的评判，及时、准确地出示双方运动员的得分和罚分。

八、计时员

负责比赛和暂停的计时，通告比赛开始和结束。

九、编排记录组

（一）审核报告表，编排秩序册。

（二）负责各体重级别的运动员抽签，编排每场比赛秩序表。

（三）预备竞赛中所需要的各种表格。

（四）登记和公布各场比赛成绩，排列竞赛名次。

十、检录组

（一）负责称量运动员的体重。

（二）比赛前20分钟开始点名，按规则要求检查运动员服装等事宜。

（三）处理运动员赛前临时事宜，如有弃权者及时报告裁判长及有关职员。

十一、宣告员

在比赛过程中，报告比赛成绩，介绍竞赛规程、规则和比赛项目的特点以及大会审查过的宣传资料。

十二、医务人员

（一）审核运动员的“体格检查表”。

（二）负责竞赛中的医务监视和现场急救处理。对伤病运动员能否参加比赛提出建议。

第三章　仲裁委员会及其职责

第十三条　仲裁委员会的组成

由主任、副主任、委员3人组成。

第十四条　仲裁委员会的职责

一、仲裁委员会在大会组委会的领导下进行工作，主要负责监督比赛的竞赛工作，如在比赛中，发现裁判员的评判有明显不公正和不正确的行为时，有权向裁判组和总裁判组提出意见和建议。

二、受理参赛队对裁判执行竞赛规程和规则的判决结果有异议的申诉，但只限对本队判决的申诉。

三、接到申诉后，应立即进行处理，并将结果及时通知有关各方。

四、根据情况，必要时可以复审录像，进行调查。出席人数必须超过半数，表决时超过半数以上作出的仲裁委员会决定方为有效。表决结果相等时，仲裁委员会主任有仲裁权。

五、总裁委员会成员不参加与本人所在单位有牵连问题的讨论和表决。

六、对申诉材料提出的问题，经严格复审，确定原判无误，则维持原判；如确认原判有明显错误，总裁委员会提请相关部门对错判的裁判员按规定进行处理。总裁委员会的裁决为最终裁决。

第十五条　申诉程序及规定

一、参赛队如果对判决结果有异议，必须在该运动员比赛结束后 30 分钟内，由本领队或教练员向仲裁委员会提出书面申诉，同时交付 1000 元的申诉费。如申诉正确，退回申诉费；如维持原判，申诉费不退。

二、各队必须服从总裁委员会的最终裁决。

第四章　使用方法、得分标准与判罚

第十六条　使用方法

必须遵照“沾粘连随”的原则，在盘手状态下使用太极拳“掤、捋、挤、按、採、挒、肘、靠”的方法。

第十七条　攻击部位

一、双手攻击对方上肢的手臂部位。

二、一手攻击对方的上肢，另一只手可以攻击颈部以下、耻骨以上的躯干部位。

第十八条　禁用方法

一、禁止双手同时攻击对方颈部以下、耻骨以上的躯干部位。

二、禁止使用拳打、头撞、撅臂、擒拿、抓头发、肘尖顶、捞裆、扫腿、膝撞、扼喉等动作攻击对方。

第十九条　得分标准

一、得2分

（一）一方倒地（两腿以外身体的任何部位支撑地面均为倒地），站立者得2分。

（二）一方下台，对方得2分。

（三）受警告1次，对方得2分。

二、得1分

（一）使对方出圈者得1分（踩线即为出圈）。

（二）受劝告1次，对方得1分。

三、不得分

（一）双方同时出圈或倒地。

（二）无效进攻（判在原处搭手继续比赛）。

（三）不使用“八法”技术进攻对方者。

（四）不在盘手状态下的进攻者。

第二十条　犯规与罚规

一、技术犯规

（一）进攻方盘手未过两圈，抢先进攻者；防守方盘手未过两圈，抢先进攻者。

（二）使用硬拉、硬拖、搂抱、撞击、抓握或者脚勾绊、踏跪对方。

（三）比赛中不服从裁判者，不遵守礼节者。

二、侵人犯规

（一）在口令“开始”前或“停止”后攻击对方。

（二）使用禁止方法攻击对方。

（三）故意攻击对方不允许攻击的身体部位。

三、罚规

（一）每出现1次技术犯规，劝告1次。

（二）每出现1次侵人犯规，警告1次。

（三）侵人犯规达3次，取消该场比赛资格。

（四）运动员故意伤人，取消比赛资格，所有成绩无效。

（五）运动员使用违禁药物，取消比赛资格，所有成绩无效。

第二十一条　暂停比赛

一、运动员倒地或下台时。

二、运动员受伤时。

三、运动员因客观原因举手要求暂停时。

四、裁判长纠正错判、漏判时。

五、因客观原因影响比赛时。

第五章　胜负与名次评定

第二十二条　胜负评定

一、一场比赛中，一方累计分数超出对方 10 分时，为该场胜方。

二、一场比赛中，一方侵人犯规受罚达 6 分时，判对方为胜方。

三、一场比赛中，判得分多者为胜方。

四、比赛中因对方犯规造成受伤，经医生检查不能继续比赛者，判受伤者为胜方。

五、比赛中，一方因伤不能继续比赛，判对方为胜方。

六、比赛中，运动员或教练员要求弃权时，判对方为胜方。

七、得分相同时，按下列顺序判定胜负：

（一）体重轻者列前。

（二）受警告少者列前。

（三）受劝告少者列前。

（四）以上 3 种情况仍相等时，加赛。先得分者为胜方。

第二十三条　名次评定

一、个人名次

（一）淘汰赛时，直接产生名次。

（二）循环赛时，积分多者名次列前，如得分相等时，按下列顺序排列名次：

1. 体重轻者列前。

2. 受警告少者列前。

3. 受劝告少者列前。

4. 以上 3 种情况仍相等时，名次并列。

二、团体名次

（一）名次分

1. 各级别录取前八名时，分别按 9、7、6、5、4、3、2、1 的得分计算。

2. 各级别录取前六名时，分别按 7、5、4、3、2、1 的得分计算。

3. 名次积分高者列前。

（二）积分相等时的评定办法

1. 两个或两个以上团体分数相等时，按下列顺序排列名次：

（1）按个人获第 1 名多的队名次列前；如仍相等，按个人获第 2 名多的队名次列前，以此类推。

（2）受警告少的队名次列前。

（3）受劝告少的队名次列前。

2. 以上几种情况仍相等时，名次并列。

第六章　裁判员的口令和手势图解

第二十四条　口令和手势

一、抱拳礼：双脚并步站立，左掌右拳胸前相抱，高与胸齐，拳与胸之间间隔为 20 ~ 30 厘米。

二、比赛进场：裁判员首先进场，主裁判员站在场地中心，两掌心向上直臂指向双方运动员，在发出“运动员进场”口令的同时，两手屈臂上举，掌心朝内。

三、上场：两臂侧平举，掌心向上，在发出“上场”口令的同时，两手屈臂上举，掌心相对。

四、“预备—开始”：主裁判员站在双方运动员中间，两臂伸直仰掌指向双方运动员，发出“预备”口令，随即向内合掌并下摆，同时发出“开始”口令。

五、“停”：主裁判员一臂伸向运动员中间，同时发出“停”的口令，比赛即为暂停。

六、“一方倒地”：主裁判员一臂指向先倒地一方，在发出“某方倒地”口令的同时，另一臂在体前下按，掌心朝下。

七、“同时出圈”：主裁判员两臂屈于体前，掌心朝前，指尖朝上，在发出“同时出圈”口令的同时，两掌向前平推。

八、“一方出圈”：主裁判员一臂伸向运动员，掌心朝上，在发出“某方出圈”口令的同时，另一臂屈于体前，掌心朝前，指尖朝上，向前推出。

九、“2 秒”：主裁判员一手食指、中指自然分开，其余三指自然弯曲，手臂上举，另一手在发出“2 秒”口令的同时在体前摆动。

十、指定进攻：主裁判员在发出“双方进攻”口令时，两手拇指伸直，其余四指握拳，拳心朝下。同时，手臂向内摆动，两拇指在体前相对。如指定一方进攻时，则用一手拇指指向被进攻一方。

十一、无效：两臂体前交叉摆动，掌心向后下方。

第七章　比赛场地

比赛场地为边长 5 米、内圆直径 3 米、高 0.6 米的方形擂台，台上铺有软垫和盖章，台中心画有中国武术协会的会徽。台下保护垫为擂台边延长 1.5 米、高 0.2 米（见附图）。

第八章　附　则

第二十五条　技术规范

一、搭手：双方腕部接触，前臂呈弧形，触点在双方中线，与下颌齐高；另一手附于对方肘部。

二、四正手盘手

（一）掤捋：一方做掤势，另一方做捋势。

（二）挤按：一方做挤势，另一方做按势。

三、发放：必须在手接触到对方身体后发力。

第二十六条　比赛方法

一、比赛开始前，双方运动员站在场地两侧，在主裁判的指示下，进入比赛场地，站在主裁判两侧，面向裁判长席，介绍运动员时，向前一步，并步行抱拳礼，然后还原站好。

二、第一局右脚在前互搭右手；第二局互换场地，左脚在前互搭左手。

三、每局开始时，运动员上同一侧脚成自然步，前脚踩于中心点上，搭好手。当场上裁判员发出开始信号后，由红方领手做四正手盘手各两圈后；双方还原成搭手势。

四、第一局开始，黑方有进攻权；第二局开始，红方有进攻权。每次进攻结束后，下一次进攻权属于失分方；如果动作无效，进攻权仍属于失分方。

五、每次比赛必须在四正手盘手状态下进行，四正手盘手方向由进攻方决定。

六、四正手盘手两圈后至第三圈结束前，进攻方可以进攻，防守方可防守反击；第三圈结束后，进攻方仍未进攻对方，防守方可进攻，期间双方必须保持四正手盘手状态。

七、比赛结束后，在场上裁判的指示下站在两侧等待宣布比赛结果。

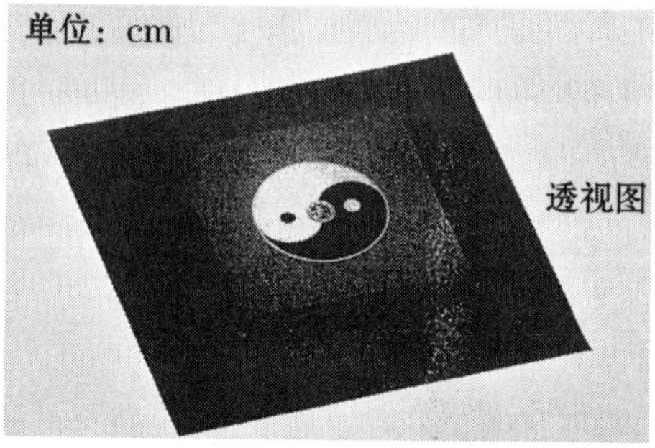

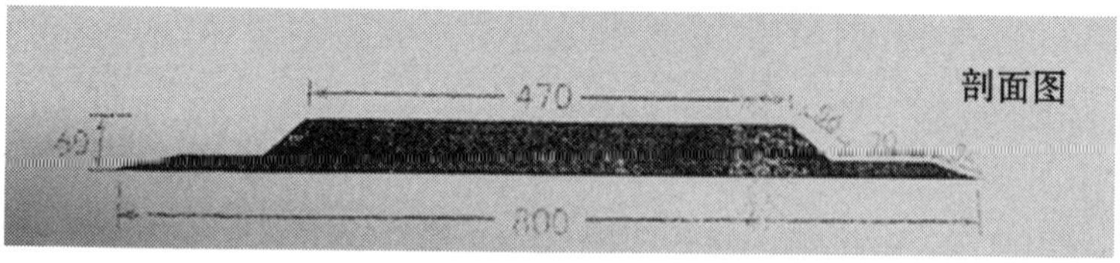

第八章　太极拳经典理论选读

一、太极拳论（王宗岳）

太极者，无极而生，阴阳之母也。动之则分，静之则合。无过不及，随曲就伸。人刚我柔谓之走，我顺人背谓之粘。动急则急应，动缓则缓随。虽变化万端，而理为一贯。由招熟而渐悟懂劲，由懂劲而阶及神明。然非用力日久，不能豁然贯通焉。虚灵顶劲，气沉丹田。不偏不倚，忽隐忽现。左重则左虚，右重则右杳。仰之则弥高，府之则弥深，进之则愈长，退之则愈促。一羽不能加，蝇虫不能落，人不知我，我独知人。英雄所向无敌，盖皆由此而及也。斯技旁门甚多，虽势有区别，概不外，壮欺弱，慢让快耳。有力打无力，手慢让手快，是皆先天自然之能，非关学力而有为也。察四两拨千斤之句，显非力胜；观耄耋御众之形，快何能为。立如秤准，活如车轮，偏沉则随，双重则滞。每见数年纯功，不能运化者，率皆自为人制，双重之病未悟而。欲避此病，须知阴阳；粘即是走，走即是粘，阳不离阴，阴不离阳；阴阳相济，方为懂劲。懂劲后，愈练愈精，默识揣摩，渐至从心所欲。本是舍己从人，多误舍近求远。所谓差之毫厘，谬之千里。学者不可不详辨焉。是为论。

二、拳　论

一举动中周身俱要轻灵，尤须贯串，气宜鼓荡、神宜内敛，无使有缺陷处、无使有凸凹处、无使有断续处，其根在脚，发于腿、主宰于腰、形于手指，由脚而腿而腰。总须完整一气，向前退后乃能得机得势，有不得机得势处，身便散乱其病必于腰腿求之，上下前后皆然。凡此皆是。意不在外面，有上即有下，有前则有后，有左则有右，如意要向上即寓下意，若将物掀起即加以挫之之意；斯其根自断。乃坏之速，而无疑。虚实宜分清楚，一处有一处虚实。周身节节贯串，无令丝毫间断耳。

长拳者，如长江大海滔滔不绝也。掤、捋、挤、按、採、挒、肘、靠，此八卦也。进步、退步、左顾、右盼、中定，此五行也，“掤捋挤按”，即乾坤坎离四正方也。“採挒肘靠”，即巽震兑艮四斜角也。“进退顾盼定”，即金木水火土也。合之则为“十三势”也。

【原注云：此系武当山张三丰祖师遗论欲天下豪杰延年益寿不徒作技艺之末也】【太极拳由张三丰所创此说法，始于武禹让，但据考证并非如此，故此文何人所作无法得知】

三、十三势行功解

以心行气，务令沉着，乃能收敛入骨。以气运身，务令顺遂，乃能便利从心。精神能提得起，则无迟重之虞。所谓头顶悬也，意气须换得灵，乃有圆活之趣。所谓变转虚实也，发劲须沉着松静，专注一方，立身须中正安舒。支撑八面，行气如九曲珠，无往不利（气遍身躯之谓）。运动如百炼钢，无坚不摧。形如搏兔之鹄，神如捕鼠之猫。静如山岳，动如江河。蓄劲如开弓，发劲如放箭。曲中求直，蓄而后发，力由脊发，步随身换。收即是放，断而复连。往复须有折迭，进退须有转换。极柔软，然后极坚刚。能呼吸，然后能灵活。气以直养而无害，劲以曲蓄而有余。心为令，气为旗，腰为纛。先求开展，后求紧凑，乃可臻于缜密矣。

又曰：彼不动，己不动；彼微动，己先动。劲似松非松，将展未展，劲断意不断。又曰：先在心，后在身。腹松气敛入股，神舒体静，刻刻在心。切记一动无有不动，一静无有不静。牵动往来气贴背，而敛入脊骨。内固精神，外示安逸，迈步如猫行，运劲如抽丝。全身意在精神，不在气，在气则滞。有气者无力，无气者纯刚。气若车轮，腰如车轴。

四、十三势歌　（清乾隆年间山右王宗岳）

一名长拳，一名十三势。长拳者，如长江大海，滔滔不绝也。十三势者，掤、捋、挤、按、採、挒、肘、靠、进、退、顾、盼、定也。掤、捋、挤、按，即坎、离震、兑，四正方也。採、挒、肘、靠，即乾、坤、艮、巽，四斜角也。此八卦也。进步、退步左顾、右盼、中定，即金、木、水、火、土也。此五行也。合而言之，曰十三势。

十三总势莫轻视。命意源头在腰际。变转虚实须留意。气遍身躯不少滞。静中触动动犹静。因敌变化示神奇。势势存心揆用意。得来不觉费功夫。刻刻留意在腰间。腹内松静气腾然。尾闾中正神贯顶。满身轻利顶头悬。仔细留心向推求。屈伸开合听自由。入门引路须口授。功夫无息法自修。若言体用何为准。意气君来骨肉臣。想推用意终何在。益寿延年不老春。歌兮歌兮百四十。字字真切意无遗。若不向此推求去。枉费功夫贻叹息。

五、太极拳经谱（清同光时期陈鑫）

太极两仪，天地阴阳，阖辟动静，柔之与刚。屈伸往来，进退存亡，一开一合，有变有常。虚实兼到，忽见忽藏，健顺参半，引进精详。或收或放，忽弛忽张，错综变化，欲抑先扬。必先有事，勿助勿忘，真积力久，质而弥光。盈虚有象，出入无方，神以知来，智以藏往。宾主分明，中道皇皇，经权互用，补短截长。神龙变化，储测汪洋？沿路缠绵，静运无慌。肌肤骨节，处处开张，不先不后，迎送相当。前后左右，上下四旁，转接灵敏，缓急相将。高擎低取，如愿相偿，不滞于迎，不涉于虚。至诚运动，擒纵由余，天机活泼，浩气流行。佯输诈败，制胜权衡，顺来逆往，令彼莫测。因时制宜，中藏妙诀，上行下打，断不可偏。声东击西，左右威宣，寒往暑来，谁识其端？千古一日，至理循环，上下相随，不可空谈。循序渐进，仔细研究，人能受苦，终跻浑然。至疾至迅，缠绕回旋，离形得似，何非月圆。精练已极，极小亦圈，日中则反，月满则亏。敌如诈诱不可紧追，若界限，势难转回。况一失势，虽悔何追？我守我疆，不卑不亢，九折羊肠，不可稍让；如让他人，人立我跌，急与争锋，能上莫下；多占一分，我据形胜，一夫当关，万人失勇。粘连黏随，会神聚精，运我虚灵，弥加整重。细腻熨帖，中权后劲，虚笼诈诱，只为一转；来脉得势，转关何难？宜中有虚，人已相参；虚中有实，孰测机关？不遮不架，不顶不延，不软不硬，不脱不沾，突如其来，人莫知其所以然，只觉如风摧倒，跌翻绝妙，灵境难以言传。手中有权，宜轻则轻，斟酌无偏；宜重则重，如虎下山。引视彼来，进由我去；来宜听真，去贵神速。一窥其势，一觇其隙，有隙可乘，不敢不入，失此机会，恐难再得！一点灵境，为君指出。至于身法，原无一定，无定有定，在人自用。横竖颠倒，立坐卧挺，前俯后仰，奇正相生。迴旋倚侧，攒跃皆中皆有中气放收，宰乎其中。千变万化，难绘其形。气不离理，一言可罄，开合虚实，即为拳经。用力日久，豁然贯通，日新不已，自臻神圣。浑然无迹，妙手空空，若有鬼神，助我虚灵，岂知我心，只守一敬。

六、打手歌

掤捋挤按须认真，上下相随人难进。
任他巨力来打吾，牵动四两拨千斤。
引进落空合即出，粘连黏随不丢顶。

七、十六关要论

活泼于腰，灵机于顶，神通于背，气沉丹田。行之于腿，蹬之于足，运之于掌，通之于指。敛之于髓，达之于神，凝之于耳，吸之于鼻。呼吸往来于口，纵之于膝。浑噩一身，全体发之于毛。

八、功用歌

轻灵活泼求懂劲，阴阳既济无滞病。
若得四两拨千斤，开合鼓荡主宰定。

九、四字秘诀（清武禹襄）

敷：覆者，运气于己身，敷布彼劲之上，使不得动也。
盖：盖者，以气盖彼来处也。
对：对者，以气对彼来处，认定准头而去也。
吞：吞者，以气全吞而入于化也。

十、撤放秘诀（李亦畲修订）

擎起彼劲借彼力。（中有灵字）
引到身前劲始蓄。（中有敛字）
松开我劲勿使曲。（中有静字）
放时腰脚认端的。（中有整字）

十一、五字诀（李亦畲）

一曰心静。心不静则不专，一举手，前后左右全无定向，故要心静。起初举动未能由己，要悉心体认，随人所动，随屈就伸，不丢不顶，勿自伸缩。彼有力我亦有力，我意在先；彼无力我亦无力，我意仍在先。要刻刻留心，挨何处心要用在何处，须向不丢不顶中讨消息。从此做去，一年半载便能施于身。此全是用意，不是用劲，久之则人为我所制，我不为人制亦。

二曰身灵。身滞则进退不能自如，故要身灵。举手不可有呆像。彼之力方碍我皮毛，我之意已入彼骨里。两手支撑，一气贯穿。左重则左虚，而右已去；右重则右虚，而左已去。气如车轮，周身俱要相随，有不相随处，身便散乱，便不得力，其病于腰腿求之。先以心使身，从人不从己。后身能从心，由己仍是从人。由己则滞，从人则活。能从人，手上便有分寸。秤彼劲之大小，分厘不错；权彼来之长短，毫发无差。前进后退，处处恰合，功弥久而技弥精亦。

三曰气敛。气势散漫，便无含蓄，身易散乱。勿使气敛入脊骨。呼吸通灵，周身罔间。吸为合为蓄，呼为开为发。盖吸则自然提得起，亦拿得人起；呼则自然沉得下，亦放得人出。此是以意运气，非以力使气也。

四曰劲整。一身之劲，练成一家。分清虚实，发劲要有根源。劲起脚跟，主宰于腰，行于手指，发于脊背。又要提起全副精神，于彼劲将出未发之际，我劲已接入彼劲，恰好不后不先，如皮燃火，如泉涌出。前进后退，无丝毫散乱，曲中求直，蓄而后发，方能随手奏效。此谓“借力打人，四两拨千斤”也。

五曰神聚。上四者具备，总归神聚。神聚则一气故铸，练气归神，气势腾挪。精神贯注，开合有致，虚实清楚。左虚则右实，右虚则左实。虚非全然无力，气势要有腾挪；实非全然占煞，精神要贵贯注。紧要全在胸中腰间运化，不在外面。力从人借，气由脊发。胡能气由脊发：气向下沉，由两肩收于脊骨，注与腰间，此气之由上而下也，味之合；由腰行于脊骨，布于两膊，施于手指，此气之由下而上也，味之开。合便是收，开即是放。能懂得开合，便知阴阳。至此地位，工用一日，技精一日，渐至从心所欲，罔不如意矣。

十二、太极推手三字经（洪均生）

拳练熟，学推手。互体验，对与否。十二势，相对走。採捋挒，引莫苟。挤与搂，靠与肘。诸多法，掤为首。搭手掤，心要静。何手来，何手应。肘松沉，视彼动。采捋列，因势用。

彼刚来，我柔应。直横拨，横压掤。运缠法，不丢顶。引进身，使落空。彼失势，将前倾。必变招，稍停留。趁此机，挤按攻。发肘靠，随势成。眼身步，配手动。上下随，身中正。对拳友，尊长年。讲礼貌，戒争先。虚心学，武艺添。

尚发劲，重安全。下和棋，同欣然。保彼名，我心安。遇莽夫，莫纠缠。语气和，态恭谦。互团结，众皆要。

十三、懂劲三字经

学太极，须懂劲。初学时，便应问。求懂劲，也不难。手八法，式中全。每一劲，细研究。凡接手，掤在先。採挒捌，引为先。挤肘靠，三节换。梢中根，互循环。手背挤，掌心按。挤按法，可互换。顺逆缠，翻掌间。角度难，速度先。柔克刚，全在圆。争速度，在转关。任一转，无数点。点对点，劲发焉。方向对，时机准。懂劲诀，着为先。逐一式，作实验。方向者，顺逆缠。自转中，兼公转。公转法，反正旋。劲开合，时候先。一切要，因敌变。虽毫厘，莫紊乱。如识字，辩点画。点画变，同八法。一拳式，等于句。全套路，同作文。熟读书，文易成。临考试，心气平。练架子，如有人。交手时，如无人。彼怎来，我怎应。心镇静，平日功。

参考文献

[1]张山. 中国太极推手[M]. 北京:人民体育出版社,2000.

[2]赵增福. 中国赵堡太极推手[M]. 北京:世界图书出版公司,2003.

[3]李恩久. 洪均生陈式太极拳全书[M]. 济南:山东书画出版社,2011.

[4]王锋朝,等. 武术推手[M]. 北京:人民体育出版社,2012.

[5]陈正雷. 陈氏太极拳术[M]. 太原:山西科学技术出版社,1999.

[6]顾留馨. 太极拳术[M]. 上海:上海教育出版社,2012.

[7]阚桂香,等. 太极拳推手对练套路教与学[M]. 北京:北京体育大学出版社,1995.

[8]全国体育院校教材委员会. 中国武术教程(下册)[M]. 北京:人民体育出版社,2004.